suhrkamp taschenbuch

Anpassung im Leben ist alles, weiß Inge Lohmark. Schließlich unterrichtet sie seit mehr als dreißig Jahren Biologie. In einer Stadt im hinteren Vorpommern. Dass ihre Schule in vier Jahren geschlossen werden soll, ist nicht zu ändern – die Stadt schrumpft, es fehlt an Kindern. Aber noch vertreibt Inge Lohmark, Lehrerin vom alten Schlag, mit ihrem Starrsinn alles Störende. Als sie schließlich Gefühle für eine Schülerin entwickelt und ihr Weltbild ins Wanken gerät, versucht sie in immer absonderlicheren Einfällen zu retten, was nicht mehr zu retten ist.

Judith Schalanskys Bildungsroman wurde 2011 zum großen Presse- und Publikumserfolg. Kritikerinnen und Kritiker bejubelten den »besten Roman des Jahres«, und die Leserinnen und Leser machten ihn zum Bestseller. Schauplatz der Geschichte ist eine der irrwitzigsten Anstalten der Welt: die Schule.

Judith Schalansky, 1980 in Greifswald geboren, studierte Kunstgeschichte und Kommunikationsdesign. Für ihren international erfolgreichen Bestseller *Atlas der abgelegenen Inseln* wurde sie u. a. mit dem 1. Preis der Stiftung Buchkunst ausgezeichnet. 2011 erschien im Suhrkamp Verlag ihr Matrosenroman *Blau steht dir nicht* (st 4284).

Judith Schalansky
Der Hals der Giraffe
Bildungsroman

Suhrkamp

Sonderausgabe
Erste Auflage 2015
lieferbar als suhrkamp taschenbuch 4388
© Suhrkamp Verlag Berlin 2011
Suhrkamp Taschenbuch Verlag
Alle Rechte vorbehalten, insbesondere das der Übersetzung,
des öffentlichen Vortrags sowie der Übertragung
durch Rundfunk und Fernsehen, auch einzelner Teile.
Kein Teil des Werkes darf in irgendeiner Form
(durch Fotografie, Mikrofilm oder andere Verfahren)
ohne schriftliche Genehmigung des Verlages reproduziert
oder unter Verwendung elektronischer Systeme
verarbeitet, vervielfältigt oder verbreitet werden.
Abbildung Seite 16: Barbara von Damnitz © BLV Buchverlag
Abbildung Seite 26/27: Peter Visscher © Dorling Kindersley
Typografie und Einband: Judith Schalansky, Berlin
Druck und Bindung: CPI – Ebner & Spiegel, Ulm
Printed in Germany
ISBN 978-3-518-07423-7

Der Hals der Giraffe

Naturhaushalte

»Setzen«, sagte Inge Lohmark, und die Klasse setzte sich. Sie sagte »Schlagen Sie das Buch auf Seite sieben auf«, und sie schlugen das Buch auf Seite sieben auf, und dann begannen sie mit den Ökosystemen, den Naturhaushalten, den Abhängigkeiten und Wechselbeziehungen unter den Arten, zwischen den Lebewesen und ihrer Umwelt, dem Wirkungsgefüge von Gemeinschaft und Raum. Vom Nahrungsnetz des Mischwaldes kamen sie zur Nahrungskette der Wiese, von den Flüssen zu den Seen und schließlich zur Wüste und zum Wattenmeer.

»Sie sehen, niemand – kein Tier, kein Mensch – kann ganz für sich allein existieren. Zwischen den Lebewesen herrscht Konkurrenz. Und manchmal auch so etwas wie Zusammenarbeit. Aber das ist eher selten. Die wichtigsten Formen des Zusammenlebens sind Konkurrenz und Räuber-Beute-Beziehung.«

Während Inge Lohmark an der Tafel Pfeile von den Moosen, Flechten und Pilzen zu den Regenwürmern und Hirschkäfern, Igeln und Spitzmäusen, dann zur Kohlmeise, zum Reh und zum Habicht, schließlich einen letzten Pfeil zum Wolf zog, entstand nach und nach die Pyramide, auf deren Spitze der Mensch neben ein paar Raubtieren hockte.

»Tatsache ist, dass es kein Tier gibt, das Adler oder Löwen frisst.«

Sie trat einen Schritt zurück, um die ausladende Kreidezeichnung zu betrachten. Das Wirkungspfeilschema vereinte

Produzenten mit Konsumenten erster und zweiter Ordnung, Erzeuger mit den Erst-, Zweit- und Drittverbrauchern sowie den unvermeidlichen kleinteiligen Zersetzern, allesamt verbunden in Atmung, dem Verlust von Wärme und Zuwachs von Biomasse. In der Natur hatte alles seinen Platz, und wenn vielleicht auch nicht jedes Lebewesen, so doch zumindest jede Art ihre Bestimmung: fressen und gefressen werden. Es war wunderbar.

»Übertragen Sie das in Ihr Heft.«

Was sie sagte, wurde gemacht.

Das Jahr begann jetzt. Die Juniunruhe war endgültig vorbei, die Zeit der brütenden Hitze und nackten Oberarme. Die Sonne knallte durch die Glasfront und verwandelte das Klassenzimmer in ein Treibhaus. In leeren Hinterköpfen keimte die Sommererwartung. Die bloße Aussicht darauf, ihre Tage nichtsnutzig zu verschwenden, raubte den Kindern jede Konzentration. Mit Schwimmbadaugen, fettiger Haut und schwitzigem Freiheitsdrang hingen sie auf den Stühlen und dösten den Ferien entgegen. Die einen wurden fahrig und unzurechnungsfähig. Andere täuschten wegen des nahenden Zeugnisses Unterwürfigkeit vor und schoben ihre Bio-Leistungskontrollen aufs Lehrerpult wie Katzen erlegte Mäuse auf den Wohnzimmerteppich. Nur um in der nächsten Stunde nach der Benotung zu fragen, mit gezücktem Taschenrechner, begierig darauf, die Verbesserung ihres Durchschnitts auf drei Stellen hinter dem Komma zu berechnen.

Aber Inge Lohmark gehörte nicht zu den Lehrern, die am Ende des Schuljahres einknickten, nur weil sie bald ihr Gegenüber verlieren würden. Sie hatte keine Angst davor, so ganz auf sich gestellt in die Bedeutungslosigkeit abzurutschen.

Einige Kollegen wurden, je näher die Sommerpause rückte, von geradezu zärtlicher Nachgiebigkeit heimgesucht. Ihr Unterricht verkam zum hohlen Mitmachtheater. Ein versonnener Blick hier, ein Tätscheln da, Kopf-Hoch-Getue, elendiges Filmeschauen. Eine Inflation guter Noten, der Hochverrat am Prädikat *Sehr gut*. Und erst die Unsitte, Endjahresnoten abzurunden, um ein paar hoffnungslose Fälle in die nächste Klasse zu hieven. Als ob damit irgendjemandem geholfen wäre. Die Kollegen kapierten einfach nicht, dass sie nur ihrer eigenen Gesundheit schadeten, wenn sie auf die Schüler eingingen. Dabei waren das nichts als Blutsauger, die einem jede Lebensenergie raubten. Sich vom Lehrkörper ernährten, von seiner Zuständigkeit und der Angst, die Aufsichtspflicht zu verletzen. Unentwegt fielen sie über einen her. Mit unsinnigen Fragen, dürftigen Eingebungen und unappetitlichen Vertraulichkeiten. Reinster Vampirismus.

Inge Lohmark ließ sich nicht mehr auslaugen. Sie war dafür bekannt, dass sie die Zügel anziehen und die Leine kurz halten konnte, ganz ohne Tobsuchtsanfall und Schlüsselbundwerferei. Und sie war stolz darauf. Nachlassen konnte man immer noch. Hier und da ein Zuckerbrötchen aus heiterem Himmel.

Wichtig war, den Schülern die Richtung vorzugeben, ihnen Scheuklappen anzulegen, um ihre Konzentrationsfähigkeit zu fördern. Und wenn wirklich mal Unruhe herrschte, brauchte man nur mit den Fingernägeln über die Tafel zu kratzen oder vom Hundebandwurm zu erzählen. Für die Schüler war es ohnehin das Beste, sie in jedem Moment spüren zu lassen, dass sie ihr ausgeliefert waren. Anstatt ihnen vorzugaukeln, sie hätten irgendetwas zu sagen. Bei ihr gab es kein Mitsprecherecht und keine Wahlmöglichkeit. Niemand hatte eine Wahl. Es gab die Zuchtwahl und sonst nichts.

Das Jahr begann jetzt. Auch wenn es schon längst angefangen hatte. Es begann für sie heute, am ersten September, der dieses Jahr auf einen Montag fiel. Und Inge Lohmark fasste ihre guten Vorsätze jetzt, im verwelkten Sommer, und nicht in der grellen Silvesternacht. Sie war immer froh, dass ihr Schulplaner sie sicher über den kalendarischen Jahreswechsel brachte. Ein einfaches Umblättern, ohne Countdown und Sektglasgeklirre.

Inge Lohmark sah über die drei Bankreihen und bewegte den Kopf dabei nicht einen einzigen Zentimeter. Das hatte sie perfektioniert in all den Jahren: den allmächtigen, unbewegten Blick. Laut Statistik waren immer mindestens zwei dabei, die sich wirklich für das Fach interessierten. Aber wie es aussah, war die Statistik in Gefahr. Gauß'sche Normalverteilung hin oder her. Wie hatten sie es nur bis hierher geschafft?

Man sah ihnen die sechs Wochen Gammelei an. Die Bücher hatte keiner von denen aufgeschlagen. Große Ferien. Nicht mehr ganz so groß wie früher. Aber immer noch zu lang! Es würde mindestens einen Monat dauern, bis man sie wieder an den Biorhythmus der Schule gewöhnt hatte. Wenigstens musste sie sich nicht ihre Geschichten anhören. Die konnten sie der Schwanneke erzählen, die mit jeder neuen Klasse ein Kennenlernspiel veranstaltete. Nach einer halben Stunde waren alle Beteiligten in den Fäden eines roten Wollknäuels verheddert und konnten die Namen und Hobbies ihrer Sitznachbarn aufsagen.

Es waren nur vereinzelt ein paar Plätze besetzt. So fiel erst recht auf, wie wenige es waren. Spärliches Publikum in ihrem

Naturtheater: zwölf Schüler – fünf Jungen, sieben Mädchen. Der dreizehnte war wieder zurück auf die Realschule gegangen, obwohl die Schwanneke sich mächtig für ihn ins Zeug gelegt hatte. Mit wiederholten Nachhilfestunden, Hausbesuchen und psychologischem Gutachten. Irgendeine Konzentrationsstörung. Was es nicht alles gab! Lauter angelesene Entwicklungsstörungen. Nach der Leserechtschreibschwäche die Rechenschwäche. Was würde als Nächstes kommen? Eine Biologie-Allergie? Früher gab es nur Unsportliche und Unmusikalische. Und die mussten trotzdem loslaufen und mitsingen. Alles nur eine Frage des Willens.

Es lohnte einfach nicht, die Schwachen mitzuschleifen. Sie waren nur Ballast, der das Fortkommen der anderen behinderte. Geborene Wiederholungstäter. Parasiten am gesunden Klassenkörper. Früher oder später würden die Unterbelichteten ohnehin auf der Strecke bleiben. Es war empfehlenswert, sie mit der Wahrheit so früh wie möglich zu konfrontieren, anstatt ihnen nach jedem Scheitern eine neue Chance zu geben. Mit der Wahrheit, dass sie die Voraussetzungen dafür, ein vollwertiges, also nützliches Mitglied der Gesellschaft zu werden, einfach nicht mitbrachten. Wozu die Heuchelei? Nicht jeder konnte es schaffen. Warum auch? Blindgänger waren in jedem Jahrgang dabei. Bei manchen konnte man schon froh sein, wenn es gelang, ihnen ein paar grundlegende Tugenden anzutrainieren. Höflichkeit, Pünktlichkeit, Sauberkeit. Es war ein Jammer, dass es keine Kopfnoten mehr gab. Ordnung. Fleiß. Mitarbeit. Betragen. Ein Armutszeugnis für dieses Bildungssystem.

Je später man einen Versager loswurde, desto gefährlicher wurde er. Fing an, seine Mitmenschen zu bedrängen und unberechtigte Forderungen zu stellen: nach vorzeigbaren Abschlussnoten, einer positiven Beurteilung, womöglich sogar nach einem gut bezahlten Arbeitsplatz und einem glücklichen Leben. Das Resultat langjähriger Unterstützung, kurzsichtigen Wohlwollens und fahrlässiger Großherzigkeit. Wer den hoffnungslosen Fällen weismachte, dazuzugehören, der brauchte sich nicht zu wundern, wenn sie irgendwann mit Rohrbomben und Kleinkalibergewehren in die Schule marschierten, um sich zu rächen für all das, was ihnen jahrelang versprochen und immer wieder vorenthalten wurde. Und dann mit Lichterketten ankommen.

Neuerdings pochte ja jeder auf seine Selbstverwirklichung. Es war lächerlich. Nichts und niemand war gerecht. Eine Gesellschaft schon gar nicht. Nur die Natur vielleicht. Nicht umsonst hatte uns das Prinzip der Auslese zu dem gemacht, was wir heute waren: das Lebewesen mit dem am tiefsten gefurchten Gehirn.

Aber die Schwanneke mit ihrer Integrationswut hatte es wieder nicht lassen können. Was sollte man auch von jemandem erwarten, der aus Bankreihen Buchstaben und aus Stühlen Halbkreise formte: Lange Zeit ein großes U, das ihren Lehrertisch umarmte. Neuerdings war es sogar ein eckiges O, so dass sie mit allen verbunden war und es keinen Anfang und kein Ende mehr gab, sondern nur noch den runden Augenblick, wie sie einmal im Lehrerzimmer kundtat. Von den Elftklässlern ließ sie sich duzen. Karola sollen wir sie nennen, hatte Inge Lohmark eine Schülerin sagen hören. Karola! Meine Güte. Sie waren doch nicht beim Frisör!

Inge Lohmark siezte ihre Schüler ab der neunten Klasse. Es war eine Angewohnheit aus der Zeit, in der sie in diesem

Lebensjahr der Jugend geweiht worden waren. Mit Weltall, Erde, Mensch und sozialistischem Nelkenstrauß. Es gab kein wirkungsvolleres Mittel, sie an die eigene Unfertigkeit zu erinnern und sie sich vom Leib zu halten.

Zum professionellen Verhältnis gehörten keine Nähe, kein Verständnis. Armselig, aber begreiflich, wenn Schüler um die Gunst der Lehrer buhlten. Das Kriechen vor dem Machthaber. Unverzeihlich hingegen war es, wie sich Lehrer an Halbwüchsige ranschmissen. Halber Hintern auf dem Lehrerpult. Geklaute Moden und Wörter. Um den Hals bunte Tücher. Blondierte Strähnen. Alles nur, um sich mit ihnen gemein zu machen. Ohne Würde. Den letzten Rest Anstand gaben sie preis für die kurze Illusion einer Gemeinschaft. Allen voran natürlich die Schwanneke mit ihren Lieblingen: tuschelnden Gören, die sie in Pausengespräche verwickelte, und Stimmbruchopfer, vor denen sie glupschäugig und mit Schminklippen die allerbilligste Schlüsselreizshow abzog. Wohl lange nicht in den Spiegel geschaut.

Inge Lohmark hatte keinen Liebling, und sie würde nie einen haben. Das Schwärmen war ein unreifer, fehlgeleiteter Gefühlsüberschwang, eine hormonell bedingte Exaltiertheit, die Heranwachsende befiel. Dem Rockzipfel der Mutter schon entwöhnt, aber den Reizen des anderen Geschlechts noch nicht gewachsen. Ersatzweise wurde ein hilfloser Geschlechtsgenosse oder ein unerreichbarer Volljähriger zum Adressaten unausgegorener Gefühle. Fleckige Wangen. Klebrige Augen. Entzündete Nerven. Eine peinliche Verfehlung, die sich im Normalfall mit der abgeschlossenen Reifung der Keimdrüsen von selbst erledigte. Aber natürlich: Wem die fachliche Kompetenz fehlte, der wurde seinen Unterrichtsstoff nur noch mithilfe sexueller Signale los. Scharwenzelnde Referendare. Sogenannte Lieblingslehrer. Die Schwanneke. Wie sie auf der Lehrerkonferenz ihr Engagement für den Idioten aus der Achten verteidigt hatte. Die Stirn in Falten geworfen und mit ihrem rot angemalten Mund ins Kollegium gerufen: Wir brauchen schließlich jeden Schüler! Es hätte nur noch gefehlt, dass ausgerechnet sie, die kinderlose Schwanneke, die vor kurzem auch noch von ihrem Mann sitzengelassen worden war, davon angefangen hätte, dass die Kinder doch unsere Zukunft wären.

Von wegen Zukunft. Diese Kinder hier waren nicht die Zukunft. Genau genommen waren sie die Vergangenheit: Vor ihr saß die neunte Klasse. Es war die letzte, die es am Charles-Darwin-Gymnasium geben sollte und die in vier Jahren ihr Abitur machen würde. Und Inge Lohmark sollte die Klassenlehrerin spielen. Einfach nur Klasse Neun. Sie brauchten keine angehängten Buchstaben mehr, die sie früher von A bis G vergeben hatten. Mit Jahrgängen, so stark wie eine Kompanie im Kriegsfall – jedenfalls zahlenmäßig. Gerade so hatten sie noch mal eine Klasse zusammengekratzt. Fast ein Wunder, war es doch der geburtenschwächste Jahrgang im Bundesland. Für die Klassenstufen danach hatte es nicht mehr gereicht. Auch nicht, als sich herumsprach, dass es das Ende für das Darwin bedeutete, und sich die Kollegen von den drei Regionalschulen darauf einigten, mit den Empfehlungen für die gymnasiale Oberstufe großzügig umzugehen. Die Folge war, dass jedes halbwegs alphabetisierte Kind in den Gymnasiastenstand erhoben wurde.

Eltern, die überzeugt waren, dass ihr Kind entgegen jeder Empfehlung aufs Gymnasium gehörte, hatte es immer gegeben. Aber mittlerweile gab es in dieser Stadt nicht mal mehr genug Eltern.

Nein, diese Kinder hier kamen ihr wirklich nicht vor wie Diamanten auf der Krone der Evolution. Entwicklung war etwas anderes als Wachstum. Dass qualitative und quantitative Veränderung weitestgehend unabhängig voneinander geschah, wurde hier erschreckend eindrücklich demonstriert. Die Natur war nicht gerade schön anzuschauen auf dieser unentschiedenen Schwelle zwischen Kindheit und Adoleszenz. Eine Phase der Entwicklung. Landwirbeltiere im Wachstum. Die Schule ein Gehege. Jetzt kam die schlimme Zeit, das Lüften der Klassenzimmer gegen den Geruch dieser Altersstufe, Moschus und freigesetzte Pheromone, die Enge, die sich langsam ausformenden Körper, schwitzige Kniekehlen, talgige Haut, matte Augen, das unaufhaltsame Wachsen und Wuchern. Es war sehr viel einfacher, ihnen etwas beizubringen, bevor sie geschlechtsreif waren. Und eine echte Herausforderung, zu ergründen, was sich hinter ihren stumpfen Fassaden abspielte: ob sie uneinholbar voraus waren oder ob sie wegen gravierender Umbauten weit hinterherhinkten.

Es fehlte ihnen an jeglichem Bewusstsein für ihren Zustand und erst recht an der Disziplin, ihn zu überwinden. Sie starrten vor sich hin. Apathisch, überfordert, ausschließlich mit sich selbst beschäftigt. Widerspruchslos gaben sie ihrer Trägheit nach. Die Kraft der Erdanziehung schien dreifach auf sie zu wirken. Alles war allergrößte Anstrengung. Jeden Funken Energie, der diesen Körpern zur Verfügung stand, verbrauchte die qualvolle Metamorphose, die der aufwändigen Entpuppung einer Raupe in nichts nachstand. Allerdings wurde nur in seltenen Fällen ein Schmetterling draus.

Das Erwachsenwerden forderte nun einmal diese unförmigen Zwischenformen, an denen sekundäre Geschlechtsmerkmale wie Geschwüre wucherten. Dass die Menschwerdung mühselig gewesen sein musste, wurde einem hier im Zeitraffer vorgeführt. Nicht nur die Ontogenese rekapitulierte die Phylogenese, sondern auch die Pubertät. Sie wuchsen. Tagein, tagaus. In Schüben und über den Sommer, so dass man seine liebe Not hatte, sie überhaupt wiederzuerkennen. Folgsame Mädchen verwandelten sich in hysterische Biester und aufgeweckte Jungs in phlegmatische Proleten. Hinzu kam das plumpe Erproben der Partnerwahl. Nein, originell war die Natur nicht. Aber gerecht. Es war ein krankheitsähnlicher Zustand. Man konnte nur abwarten, dass er vorüberging. Je größer und älter ein Tier werden konnte, desto länger zog sich die Jugend hin. Der Mensch brauchte zu seiner Reifung rund ein Drittel seiner gesamten Lebenszeit. Im Schnitt dauerte es achtzehn Jahre, ehe ein Menschenjunges für sich selbst sorgen konnte. Wolfgang musste für seine Kinder aus erster Ehe sogar noch bis zum siebenundzwanzigsten Lebensjahr zahlen.

Da saßen sie also, die blutigen Lebensanfänger. Spitzten Bleistifte und malten die Tafelpyramide ab, die Köpfe hebendsenkend im Fünfsekundentakt. Noch nicht ausgebildet, aber mit einer dreisten Selbstverständlichkeit, mit einem Absolutheitsanspruch, der schamlos und anmaßend war. Sie waren keine Kinder mehr, die sich ständig überall anlehnen mussten und unter fadenscheinigen Vorwänden die Individualdistanz missachteten, Berührungen erzwangen und einen unverhohlen anstarrten wie Halbstarke im Überlandbus. Das waren junge Erwachsene, bereits zeugungsfähig, aber noch unreif wie zu früh geerntetes Obst. Für sie war Inge Lohmark bestimmt alterslos. Wahrscheinlicher war sogar, dass sie ihnen einfach nur alt vorkam. Ein Zustand, der sich für ihre Schüler nicht mehr ändern würde. Wer jung war, wurde älter. Alt blieb alt. Ihre Halbwertszeit hatte sie längst überschritten. Zum Glück. So blieb sie wenigstens davon verschont, sich vor ihren Augen merklich zu verändern. Ein beruhigender Gedanke. Sie hingegen würde diese Menschen aufwachsen sehen, wie sie andere hatte aufwachsen sehen. Und dieses Wissen machte sie mächtig. Noch waren alle einander zum Verwechseln ähnlich, ein Schwarm auf dem Weg zum Klassenziel. Aber innerhalb kürzester Zeit schon würden sie perfide eigenständig werden, die Fährte aufnehmen und Komplizen finden. Und sie selbst würde anfangen, die lahmen Gäule zu ignorieren, und heimlich auf einen der Vollblüter setzen. Ein paar Mal hatte sie das richtige Gespür gehabt. Ein Pilot war dabei gewesen, eine Meeresbiologin. Gar keine schlechte Ausbeute für eine Stadt in der Provinz.

Ganz vorn hockte ein verschrecktes Pfarrerskind, das mit Holzengeln, Wachsflecken und Blockflötenunterricht aufgewachsen war. In der letzten Reihe saßen zwei aufgedonnerte Gören. Die eine kaute Kaugummi, die andere war besessen von ihrem schwarzen Hengsthaar, das sie pausenlos glättete und strähnchenweise untersuchte. Daneben ein hellblonder Knirps in Grundschulgröße. Ein Trauerspiel, wie die Natur hier die ungleiche Entwicklung der Geschlechter vorführte.

Rechts außen an der Fensterfront kippelte ein Herrentierchen mit offenem Mund, das nur darauf wartete, mit einer ordinären Bemerkung das Revier zu markieren. Fehlte nur noch, dass es sich auf die Brust trommelte. Es musste beschäftigt werden. Vor ihr lag das Blatt, auf dem die Schüler ihre Namen eingetragen hatten, Krakeleien auf dem Weg zu einer rechtsgültigen Unterschrift. *Kevin*. Klar. Wie sonst.

»Kevin!« Kevin schreckte hoch.

»Nennen Sie ein paar Ökosysteme unserer Region!« Sein Vordermann feixte. Na warte.

»Paul, was ist das für ein Baum da draußen?« Paul schaute aus dem Fenster.

»Ähm.« Ein mickriges Räuspern. Fast mitleiderregend.

»Danke.« Der war versorgt.

»Das haben wir nicht gehabt«, behauptete Kevin. Dass ihm nichts Besseres einfiel. Ein Gehirn wie ein Hohlorgan.

»Ach ja?« Nun zur ganzen Klasse. Frontalangriff.

»Denken Sie doch alle noch einmal nach.«

Stille. Schließlich meldete sich der Pferdeschwanz in der ersten Reihe, und Inge Lohmark tat ihm den Gefallen. Natürlich wusste sie es. So eine gab es immer. So ein Pferdeschwanzpferdchen, das den Unterrichtskarren aus dem Dreck zog. Für diese Mädchen wurden die Schulbücher geschrieben. Gierig nach abgepacktem Wissen. Merksätze, die sie mit Glitzerstift in ihre Hefte schrieben. Die ließen sich noch einschüchtern vom Rotstift des Lehrers. Albernes Instrument scheinbar grenzenloser Macht.

Sie kannte sie alle. Sie erkannte sie sofort. Schüler wie diese hatte sie schon haufenweise gehabt, klassenweise, Jahr für Jahr. Die brauchten sich nicht einzubilden, sie wären besonders. Es gab keine Überraschungen. Nur die Besetzung wechselte. Wer spielte diesmal mit? Ein Blick auf den Sitzplan genügte. Die Benennung war alles. Jeder Organismus hatte einen Ruf- und Familiennamen: Art. Gattung. Ordnung. Klasse. Aber erst mal wollte sie sich nur ihre Vornamen merken.

Jennifer Blondiertes Haar. Strichmund. Frühreif. Von Geburt an selbstsüchtig. Keine Aussicht auf Besserung. Skrupellose Oberweite, Wettbewerbsbusen.

Saskia Ohne Schminke möglicherweise sogar hübsch. Ebenmäßiges Gesicht, hohe Stirn, gezupfte Augenbrauen und stullendummer Ausdruck. Zwanghafte Fellpflege.

Laura Verwachsener, farbloser Pony über den Schlupflidern. Traniger Blick. Pustelige Haut. Ambitions- und interessenlos. Unauffällig wie Unkraut.

Tabea Wolfskind in zerbeulten Hosen und löchrigem Pullover. Kindchenschemagesicht. Verwilderte Augen. Krummer Rücken vom linkshändigen Schreiben. Auch sonst nicht vielversprechend.

Erika Das Heidekraut. Gepflegte Traurigkeit in geneigter Haltung. Sommersprossen auf milchiger Haut. Abgekaute Fingernägel. Strähniges, braunes Haar. Verrutschtes Auge. Fester, schiefer Blick. Müde und gleichzeitig wach.

Ellen Dumpfes Duldungstier. Gewölbte Stirn und Kaninchenblick. Die Miene weinerlich vom Pausengehänsel. Schon jetzt überflüssig wie eine alte Jungfer. Opfer auf Lebenszeit.

Ferdinand Freundliches, aber fahriges Wesen. Höhlenaugen. Wirbelreich wie ein Rosettenmeerschwein. Zu früh eingeschult. Ausgesprochen spätreif.

Kevin Unsauber und aufschneiderisch. Löchriger Oberlippenflaum, talgblühendes Gesicht. Stupide, aber fordernd – die schlimmste Kombination. Nur durch kontinuierliches Füttern ruhigzustellen. Süchtig nach einer Bezugsperson. Mäßig gestört. Ein Nervbolzen.

Paul Kevins stiernackiger Widersacher. Frohwüchsig und gut bemuskelt. Ausdrucksvolles Wesen. Mähniger Rotschopf. Ein Dauergrinsen auf gut durchbluteten Lippen. Der Klassiker: intelligent, aber faul. Widerstandsfähig und risikofreudig.

Tom Unerfreulich behäbige Körperlichkeit. Winzige Augen im feisten Gesicht. Geistloser Ausdruck: Noch ganz benommen von der nächtlichen Pollution. Ein Grottenolm war schöner. Wenig Hoffnung, dass die verunglückten Proportionen noch durch fortgeschrittenes Wachstum korrigiert werden.

Annika Brauner Zopf, langweiliges Gesicht. Überambitioniert. Freudlos und bienenfleißig. Vortragsgeil. Klassensprecherin seit der Geburt. Anstrengend.

Jakob Ein Pfarrerskind. Typischer Erste-Reihe-Schüler. Schmalbrüstig. Trotz Brille zusammengekniffene Augen. Nervöse Finger. Die Haare dicht wie Maulwurfsfell. Eine beinahe anzüglich durchsichtige Haut. Mindestens drei Geschwister. Ohne Arg.

Das war es schon. Wie immer: keine großen Überraschungen. Pferdeschwänzchen war schon fertig. Die Hände flach auf dem Tisch. Gebannter Blick zur Tafel.

Inge Lohmark trat ans Fenster. In die weiche Vormittagssonne. Wie gut das tat. Die Bäume hatten sich schon zu verfärben begonnen. Das abgebaute Chlorophyll machte die Bühne frei für die leuchtenden Blattpigmente. Carotinoide und Xantophylle. Die langstieligen, von Miniermotten zerfressenen Blätter der Kastanie hatten gelbe Ränder. Dass die Bäume sich so eine Arbeit machten mit Blättern, von denen sie sich ohnehin bald trennten. Genau wie sie als Lehrerin. Jedes Jahr das gleiche Spiel. Seit über dreißig Jahren. Immer wieder von vorn.

Sie waren zu jung, um die Bedeutung des gemeinsam erworbenen Wissens würdigen zu können. Dankbarkeit war nicht zu erwarten. Hier ging es nur noch um Schadensbegrenzung. Bestenfalls. Schüler waren gedächtnislose Wesen. Sie würden alle eines Tages gehen. Und nur sie allein würde zurückbleiben, mit trockenen Händen vom Kreidestaub. In diesem Zimmer, hier, zwischen der Sammlung zusammengerollter Schautafeln und der Vitrine mit dem Anschauungsmaterial: ein Skelett mit gebrochenen Knochen, speckige Organattrappen mit Platzwunden in der Plastehaut und der ausgestopfte Dachs mit Brandlöchern im Fell, der mit toten Augen durch die Scheiben stierte. Das könnten sie auch bald mit ihr machen. Wie der englische Gelehrte, der seiner Universität über den Tod hinaus verbunden bleiben wollte. Als Mumie an den wöchentlichen Sitzungen teilnehmen. Sein letzter Wunsch wurde ihm erfüllt. Man zog seinem Skelett seine Kleider an. Stopfte sie mit Stroh aus. Balsamierte den Schädel ein. Aber dabei lief irgendwas schief, so dass man schließlich einen Wachskopf auf die Überreste montierte. Sie hatte ihn gesehen, als sie in London war. Claudia hatte da mal studiert. Wie er da hockte, in einem riesigen Holzkasten hinter Glas. Mit Spazierstock, Strohhut und grünen Wildlederhandschuhen, die ganz genauso aussahen wie das Paar, das sie sich im Frühjahr neunzehnhundertsiebenundachtzig im Exquisit gekauft hatte. Für siebenundachtzig Mark. Wladimir Iljitsch schlief wenigstens und konnte vom Kommunismus träumen. Aber dieser Engländer war bis heute im Amt. Täglich beäugte er die Studenten auf ihrem Weg in die Hörsäle. Die Vitrine war sein Grab. Er selbst sein eigenes Denkmal. Ewiges Leben. Besser als Organspenden.

»Alte Menschen«, fing sie plötzlich an. »Alte Menschen erinnern sich selbst dann noch an die Schulzeit, wenn sie alles andere schon vergessen haben.« Sie träumte immer wieder von ihrer Schulzeit. Vor allem von der Abiturprüfung. Wie sie dastand und ihr nichts einfiel. Und beim Aufwachen dauerte es immer eine Weile, bis ihr klar wurde, dass sie keine Angst zu haben brauchte. Sie war auf der anderen, der sicheren Seite.

Sie drehte sich um. Entgeisterte Blicke.

Man musste höllisch aufpassen. Ehe man sich versah, diskutierte man im Unterricht allerlei Blödsinn. Frühstücksvorlieben. Ursachen der Arbeitslosigkeit. Haustierbeerdigungen. Plötzlich wurden alle putzmunter, und die Stunde war gelaufen. Man musste halsbrecherische Überleitungen bauen, sich zurück zu den Ökosystemen hangeln, wo gerade noch aufgekratzte Kinder sofort wieder leere Gesichter bekamen. Das Wetter war das gefährlichste. Vom Wetter war es nur ein

Katzensprung zur persönlichen Befindlichkeit. Aber von ihr sollten sie nichts erfahren. Da half nur, den Faden genau an der Stelle wieder aufzunehmen, wo sie ihn verloren hatte. Betont langsam ging sie zurück zum Lehrerpult. Weg von den bunten Blättern. Vom verhängnisvollen Wetter. Flucht nach vorn.

»Es gibt Fälle, bei denen sich die Alzheimer- und Demenzkranken weder an die Namen ihrer Kinder noch an die ihrer Ehepartner erinnern können, wohl aber an den ihrer Biologielehrerin.« Schlechte Erfahrungen prägten sich nun einmal besser ein als gute.

»Eine Geburt oder eine Heirat mag ein wichtiges Ereignis sein, aber es sichert keinen Platz im Gedächtnis.« Das Hirn, ein Sieb.

»Merken Sie sich: Nichts ist sicher. Sicher ist nichts.«

Jetzt hatte sie sogar angefangen, sich mit dem Zeigefinger an den Kopf zu tippen.

Die Klasse schaute betroffen.

Weiter im Text.

»Etwa zwei Millionen Arten gibt es auf der Welt. Und wenn sich Umweltbedingungen ändern, dann sind sie gefährdet.«

Absolutes Desinteresse.

»Kennen Sie Arten, die bereits ausgestorben sind?«

Eine Handvoll gereckter Ärmchen.

»Ich meine – außer den Dinosauriern.«

Sofort waren die Arme wieder unten. Diese Kinderzimmerpest. Sie konnten eine Amsel nicht von einem Star unterscheiden, aber die Taxonomie ausgestorbener Großreptilien aufsagen. Aus dem Kopf einen Brachiosaurier skizzieren. Frühe Begeisterung für das Morbide. Bald würden sie mit Selbstmordgedanken spielen und nachts auf Friedhöfen herumgeistern. Koketterien mit dem Jenseits. Mehr Todestrend als Todestrieb.

»Der Auerochse zum Beispiel. Das Urwildpferd, der tasmanische Beutelwolf, der Riesenalk, der Dodo und – die Steller'sche Seekuh!«

Sie hatten ja keine Ahnung.

»Ein riesiges Tier, das im Beringmeer lebte. Mit einem tonnenschweren Körper, einem kleinen Kopf und verkümmerten Gliedmaßen. Die Haut war zentimeterdick und fühlte sich an wie die Rinde alter Eichen. Die Seekuh war ein stilles Tier. Sie gab nie einen Laut von sich. Nur wenn sie verwundet wurde, seufzte sie kurz auf. Sie war von Natur aus zahm und kam immer gern ans Ufer, so dass man sie leicht streicheln konnte. Aber eben auch töten.«

»Woher wissen Sie das so genau?« Erika, einfach so, ohne sich zu melden.

Die Frage war berechtigt.

»Von Georg Steller, einem deutschen Naturforscher. Es war einer der letzten, der sie lebendig sah.«

Erika nickte ernst. Sie hatte verstanden. Was ihre Eltern wohl machten? Früher hätte ein Blick ins Klassenbuch genügt. Intelligenzia, Angestellte, Arbeiter, Bauern. Offiziere zu den Arbeitern. Pastoren zur Intelligenzia.

Ellen meldete sich.

»Ja?«

»Was haben die mit ihr gemacht?« Klar, die witterte eine Leidensgenossin.

»Gegessen. Soll wie Rindfleisch geschmeckt haben.« Kuh blieb Kuh.

Nun aber zurück zu den Lebenden.

»Und welche Arten sind vom Aussterben bedroht?«

Fünf Arme gingen nach oben.

»Vergessen Sie Panda, Koala oder Wal.«

Wieder knickte ein Arm nach dem anderen ein. Tierschutz für Kuscheltiere. Bambi-Effekt. Maskottchen für die Plüschtierindustrie. »Eine bei uns heimische Art zum Beispiel?«

Totale Verunsicherung.

»Vom Schreiadler gibt es in Deutschland nur noch etwa hundert Paare. Einige Bauern bekommen sogar Geld dafür, dass sie ihre Felder brachliegen lassen. Denn so können die Adler ihre Beute leichter schlagen. Sie ernähren sich vor allem von Eidechsen und Singvögeln. Zwei Eier legen sie, aber nur eines der Jungen überlebt.« Richtige Betonung. Jetzt horchten sie auf. »Das Junge, das zuerst schlüpft, tötet das Nachgeborene. Ein paar Tage hackt es auf ihn ein. Bis es stirbt und dann von den Eltern verfüttert wird. Man nennt das angeborenen Kainismus.« Ein Blick in die erste Reihe. Der Pfarrerssohn rührte sich nicht. Hatte er seinen Kinderglauben schon verloren? Zum Überleben war mehr nötig als ein biblisches Paar, das auf die Arche Noah spazierte. Also noch einmal.

»Ein Geschwisterchen tötet das andere.«

Stilles Entsetzen.

»Das ist nicht grausam, das ist ganz natürlich.« Unter Umständen gehörte sogar das Töten der Jungen zur Nachwuchspflege.

Jetzt waren sie wieder wach. Mord und Totschlag.

»Warum legen sie dann überhaupt zwei Eier?« Paul. Er schien es wirklich wissen zu wollen.

»Na, zur Reserve.« Es war ganz einfach.

»Und die Eltern?« Tabea machte große Augen.

»Die schauen zu.«

Das Pausenzeichen ertönte. Das war erst der Anfang, die erste Lektion.

Kein schlechtes Schlusswort. Auf den Punkt genau. Es läutete nicht, es rasselte. Die Klingel war immer noch kaputt. Dabei war sie noch vor den Ferien zu Kalkowski gegangen. Hatte ihn zum ersten Mal in dem Büro besucht, das er sich im alten Heizerbunker eingerichtet hatte. Die Wände, mit Tierpostern tapeziert. Penibel aufgeräumter Schreibtisch. Und immer noch der Geruch von Kohle, obwohl sie vor Jahren schon auf Fernwärme umgestiegen waren. Sie hatte ihn gebeten, endlich das Stück Pappe zu entfernen, das die Dreizehntklässler beim letzten Abistreich hinter die Schelle gesteckt hatten. Er hatte sich auf seinem durchgesessenen Bürostuhl zurückgelehnt und etwas von Rache gefaselt. Die Rache der Abiturienten für ein vergeudetes Lebensjahr. Es war ihm sehr ernst. Er klang beinahe wie Kattner. Die vielen Naturaufnahmen an der Wand, dazwischen das Foto einer barbusigen Frau. Ein nacktes Tier unter vielen. Hausmeister blieb Hausmeister. Aber recht hatte er ja. Die neuen Lehrpläne, das ewige Hin und Her. Landtagsbeschlüsse, Kultusministerium. Natürlich war der Stoff auch in zwölf Jahren zu schaffen. Sogar in zehn, wenn man alles Überflüssige wegließe. Den ganzen Kunstkram zum Beispiel. Die Klingel hätte er trotzdem reparieren können.

Jetzt stopften sie tatsächlich schon die Bücher in die Taschen, die Tür im Visier. Aber Inge Lohmark ging gleich in die Verlängerung. Klare Verhältnisse. Von der ersten Stunde an.

»Stehen Sie bitte auf.«

Was sie sagte, wurde gemacht. Dass sie die Schüler am Beginn und Ende der Stunde aufstehen ließ, war ein Signal, das sich bewährt hatte, eine Verstärkung des Klingelzeichens. Ihre Lehrmethode bestand aus einer Reihe von Maßnahmen, die sich im Lauf ihres Lehrerlebens ausgebildet und immer mehr spezialisiert hatten. Früher oder später ersetzte Erfahrung alles Wissen. Nur was sich in der Praxis bewährt hatte, war wahr.

»Zu Donnerstag ...«, sie holte tief Luft, um den Moment noch etwas zu verlängern, »... bearbeiten Sie bitte die Aufgaben fünf und sechs.«

Kunstpause.

»Sie dürfen jetzt gehen.« Es klang gnädig. Sollte es auch. Sofort stürzten sie hinaus.

Inge Lohmark öffnete das Fenster. Endlich frische Luft. Die Blätter rauschten. Lagerfeuerluft. Irgendwer verbrannte wohl schon Laub. Tief einatmen. Das tat gut. Es roch nach Herbst.

Immer, wenn man glaubte, dass sich nichts mehr ändern, dass alles einfach so weitergehen würde, kam die nächste Jahreszeit. Der natürliche Lauf der Dinge. Reflexartig kamen die Erinnerungen. Was war im letzten Jahr gewesen? Kattners Verkündigung. Fassungslose Kollegen. Was hatten sie denn gedacht? Dass im letzten Moment noch eine akademische Großfamilie hierher zog? Das hätten schon Mormonen sein müssen. Deren Inzuchtbrut hätte es ohnehin nicht aufs Gymnasium geschafft. Und im vorletzten Jahr? Die ersten Strauße. Neun Tiere, denen Wolfgang farbige Strumpfbänder angezogen hatte, damit er sie auseinanderhalten konnte. Neun Strauße in bunten Strapsen, die über die Weide rannten. Das hatte ein Gerede gegeben. Jeden Tag kamen Schaulustige. Acht Hennen, ein Hahn. Mittlerweile waren es zweiunddreißig Tiere. Eine Schulklasse. Früher jedenfalls.

Sie schloss den Raum ab.

»Einen Hauch höher, bitte.«

Das fehlte noch. Auf dem Flur stand die Schwanneke mit zwei Schülern aus der Elf. Die beiden Jungs pressten einen Rahmen an die Wand. An der Fensterfront Schwanneke auf Zehenspitzen. Sie dirigierte mit rudernden Armen. Ein kurzes Kleid über der Jeans. Hasch mich, ich bin der Frühling.

»Ja, so ist es gut.« Sie spreizte ihre Finger in die Luft.

»Ach, Frau Lohmark!« Schwanneke tat erfreut. »Ich dachte, wir könnten den Flur etwas verschönern. Und wo wir das Schuljahr mit dem Impressionismus beginnen ...«

Tatsächlich hing jetzt an der Wand ein sumpfiges Geschmiere im Querformat.

»Da dachte ich ... Monets Seerosen passen so gut zu Ihren Quallen.« Sie klatschte in die Hände. »Ich dachte, Ihre Quallen könnten etwas Gesellschaft brauchen.«

Es war nicht zu glauben. Dass sie es tatsächlich wagte, ihre krautigen Wasserpflanzen nur drei Handbreit von den prachtvollen Medusen an die Wand zu nageln. Schlimm genug, dass der Kunstraum auf derselben Etage war und die Schüler fortwährend mit ihrer Tuscheplörre über den Flur kleckerten. Bisher hatte sie sich an die Markierung gehalten. Karola Schwannekes Wand war jenseits, Inge Lohmarks Wand diesseits der Klos. Das ging nun wirklich zu weit. Aber wegen ein paar hässlicher Bilder gleich am ersten Schultag einen Krieg anzetteln? Nur die Ruhe bewahren. Das kluge Tier wartet ab.

»Haeckels Quallen, liebe Kollegin. Es sind immer noch Haeckels Quallen.«

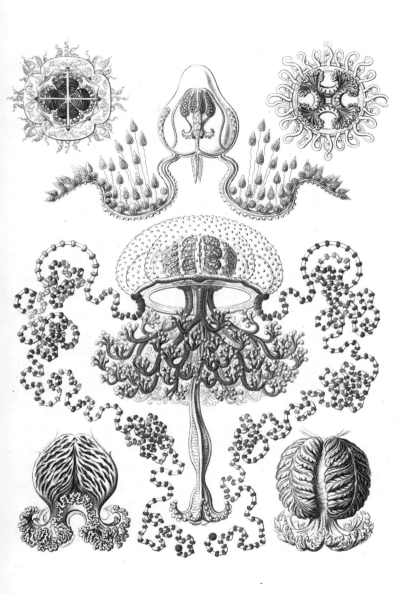

»Es geht um den Eindruck, daher ja auch der Name. Es geht nämlich um die Impression, ganz, ganz unmittelbar.« Die Schwanneke kam jetzt richtig in Fahrt. Die beiden Elfer standen herum, nickten dumm und trauten sich nicht, in die Pause abzuhauen. Alles nur, weil sie Karola zu ihr sagen durften.

Das plump ausufernde Querformat zeigte ein ungeheures Geflirre. Schimmelige Flecken auf fauligen Farben. Alles wurzelte im Schlamm, auf dem Grund eines Tümpels, eines brackigen Gewässers. Verwesende Süße und Modergeruch. Moderne hin oder her. Die Schönheit der Natur bedurfte keiner Verfremdung. Ihr war nur mit äußerster Präzision nahezukommen.

Von welch bestechender Klarheit, von welch entschlossener Pracht waren dagegen Haeckels Quallen: Die untere Ansicht einer Taschenqualle mitsamt ihrem fliederfarbenen, gekräuselten Strahlenkranz, das achteckige Mundrohr wie ein Blütenkelch. In der Mitte der purpurne Trichter der Scheibenqualle. Wallendes Tentakelhaar, das einem blau gerüschten Unterrock entsprang. Von winzigen, mit Sternen kristallin verzierten Schwestern umschwärmt. Und ganz rechts die gläserne Herrlichkeit der Blumenqualle, aus deren genopptem Schirm zwei nahezu symmetrische Fangfäden wuchsen. Ausladende Girlanden, mit roten Nesselknöpfen wie von Perlen besetzt. Gerahmt von zwei Querschnitten. Einer mit dem rotweiß-flammenden Gefieder einer Rembrandt-Tulpe, der andere gleichmäßig wie ein Kaukasierhirn.

Sie hatte diese prachtvollen Blätter aus der Monographie der Medusen gelöst, einem steifen Band, den sie im Schularchiv gefunden hatte. Archiv war gut. Ein Loch im Keller, wohin sie die zerfledderten Wandzeitungen, verglasten Porträts und dünn gerahmten Bilder verbannt hatten, auf Spanplatte aufgezogene Leinwanddrucke. Der Tierparkpeter mit den roten Pausbacken, das junge Paar am Ostseestrand und die vom Tageslicht ausgebleichten Sonnenblumen. Die Wände waren auf einmal sehr nackt gewesen. Bis Kalkowski ihr die Medusen in silberne Kästen gerahmt hatte. Ihr Anblick eine Wohltat an jedem Tag. Am Anfang war die Qualle. Alles andere kam später. Ihre Vollkommenheit blieb unerreicht, kein Zwei-Seiten-Tier konnte so schön sein. Nichts ging über die Radialsymmetrie.

Genug jetzt.

»Quallen leben in salzigen Gewässern, Seerosen in süßen. Einen guten Tag, Frau Schwanneke.« Es war zwecklos, sich mit einer Person zu streiten, der jeglicher Sinn für das wahrhaft Schöne, für wirkliche Größe abging.

Auf dem Hof waren die Kleinen zur großen Pause versammelt. Die Sek-Zwo genoss neuerdings das Privileg, in ihren Klassenräumen bleiben zu dürfen. Inge Lohmark war dagegen gewesen. Schließlich taten Frischluft und Sonnenlicht dem Organismus in jedem Alter gut. Schon allein wegen der Energieumwandlung. Also standen unter dem verwitterten Wandmosaik mit Kran, Rakete und Weltempfänger nur die Zehntklässler, um einen Mülleimer versammelt. Rührend, wie ungelenk sie ihre Kippen zu verstecken versuchten, so dass ihr die Lust verging, das Nötige zu tun. Sie grüßten sogar ganz artig. Aufsicht hatte ohnehin die kettenrauchende Bernburg, die aber nirgends zu entdecken war. Wahrscheinlich hatte sie sich gleich wieder zum Jahresanfang krankschreiben lassen. Vorsorglich.

Das Hauptgebäude war ein zweigeschossiger Bau aus den Siebzigerjahren. Von oben betrachtet, ergab er die Form eines schiefen, verkümmerten Hs, wie man auf einer Luftbildaufnahme sehen konnte, die neuerdings im Sekretariat hing. Darunter das Gebäude mit den Fachräumen als großes I, ein versetzter Wurmfortsatz. Zwei teergraue Buchstaben auf sandigem Grund. Schlechte Bausubstanz. Hinter der Regenrinne wucherte der Betonfraß. Die Wallseite war immer feucht. Ein paar Plattenwege führten als schmale Stege zum ziegelroten Rechteck der Sporthalle. An der Wand neben dem Eingang des Hauptgebäudes stand in roten Sprühbuchstaben: Das Darwin stirbt aus!

Nichts erinnerte mehr an Lilo Herrmann. Damals hatten sie alles richtig machen wollen und den alten Namen zusammen mit den Sperrholzbildern entsorgt. Die sogenannte Erweiterte Oberschule gleich umbenannt, noch vor dem Platz der Völkerfreundschaft und der Wilhelm-Pieck-Straße. Lilo Herrmann war tot und endgültig vergessen. Vier Jahre noch, dann war hier Schluss. Auch für sie. Inge Lohmark machte sich keine Illusionen. Irgendwo noch einmal neu anfangen? Nicht mit ihr. Einen alten Baum verpflanzt man nicht. Und sie war eine Frau, kein Baum – und auch kein Mann. Kattner hatte noch mal ein Kind gezeugt. Hieß es jedenfalls. Mit einer ehemaligen Schülerin, kurz nach dem Abitur. Strafrechtlich sauber. Wahrscheinlich war nichts dran. War ja auch egal. Ein Mann im besten Alter. Ihr Jahrgang. Der alte Sack. Unter Umständen würde sie achtzig, neunzig Jahre alt werden. Statistisch gesehen war das sogar sehr wahrscheinlich. Sie gehörte zu der rosa Beule der Alterspyramide in den jährlichen Demographieberichten, die den Geburtenrückgang und den alarmierenden Seniorenüberschuss demonstrierte: Von der Tanne zum Bienenstock. Vom Bienenstock zur Urne. Alle wanderten hoch zum Grab. Trieb und Treiben in Friedenszeiten. Der Kriegsknick und der Pillenknick. Zeigt her eure Füße. Achtzig, neunzig Jahre Lebenserwartung. Was man vom Leben eben so erwartet. Und am Ende noch so viel Erwartung übrig. Was sollte sie bloß noch machen in all der Zeit? Abwarten und Teetrinken? Warum nicht? Abwarten und Teetrinken. Langweilen würde sie sich nicht. Sie langweilte sich nie. Aber noch einmal was Neues beginnen? Was sollte das sein? Was Neues? Also doch alter Baum. Alt wie ein Baum. Fünfundfünfzig Ringe, verschieden breit. Frühholz und Spätholz. Wechselnde Wuchsbedingungen. Falten statt Maserung. Kein Jahr glich dem anderen. Aber alle gingen vorbei. Umziehen kam jedenfalls nicht in Frage. Nicht mit Wolfgang und seinen Straußen. Jetzt, wo sie endlich brüteten. Lieber sollte Claudia wieder herkommen. War ja lange genug weg gewesen, Auslandserfahrung sammeln, zwölf Jahre schon, eine halbe Ewigkeit. Die Jüngste war sie auch nicht mehr. Könnte langsam mal anfangen mit dem richtigen Leben. Ein Haus bauen, zum Beispiel. Neben den Stallungen war noch Platz, ein stattliches Grundstück mit Blick auf die Polderwiesen. Sie würde täglich bei ihr vorbeigehen, und dann würden sie zusammen auf der Terrasse Kaffee trinken und auf die Wiese schauen. Trank Claudia überhaupt Kaffee? Es war höchste Zeit, dass sie zurückkam.

Im Lehrerzimmer hockten Thiele und Meinhard über ihren Brotdosen. Grüßten mit vollem Mund. Neben dem Vertretungsplan klebte immer noch die bebrillte Lilo. Tapfere Frau, kommunistische Chemikerin, Märtyrerin für die ehemals richtige Sache. Und ein ausgeschnittener Zeitungsartikel mit dem Foto eines dämlich grinsenden Kindes, das den Namen dieser italienischen Stadt an eine Tafel schrieb. Daneben das Kursprogramm der hiesigen Heimvolkshochschule, Schmarotzer im fremden Nest: Grundlagen der Existenzgründung, Pantoffelfilzen, Papierschöpfen, Philosophieren mit Rentnern. Beschäftigungstherapien für Todgeweihte.

Kattner kam ins Zimmer, grüßte in die Runde und studierte den Vertretungsplan. Farbige Wimpel an einem Holzbrett mit Haken. Ein irres System, für dessen Beherrschung er wöchentlich zwei Abminderungsstunden kassierte.

»Na, Inge, was wirst du wohl anbieten? Vielleicht Biologie für den Hausgebrauch?« Er tauschte ein paar Stunden auf dem Vertretungsplan. »Einen Kurs übers Pilzesammeln? Oder was zur Bekämpfung von Gartenschädlingen.«

»Tag, Kattner.« Sollte er doch Volkshochschulwitze machen. So leicht würde sie sich nicht aus der Reserve locken lassen. Ja, sie könnte bleiben. Die Heimvolkshochschule würde das Gebäude übernehmen. Schon nisteten ein paar Kurse in der untersten Etage. Aber nicht mit ihr. Das sollten andere machen. Die Naturwissenschaft taugte nicht zum Hobby. Niemand wollte sich mit Zellaufbau oder dem Zitronensäurezyklus beschäftigen. Lieber suchten sie nach einem berühmten Vorfahr, deuteten Sterne oder lernten fremde Sprachen. Diavorträge über Fernost. Und dann noch mal etwas von der Welt sehen. Dabei war die Welt doch hier: der Wald, das Feld, der Fluss, das Moor. All das gab einen respektablen Lebensraum für zahllose Arten ab. Darunter eine Menge, die das Umweltministerium unter Naturschutz gestellt hatte. Einige sogar, deren Exemplare einzeln erfasst wurden, weil sie so selten geworden waren. Hin und wieder tauchten auch neue Arten auf, ungebetene Gäste, illegale Einwanderer. Der Marderhund aus Sibirien. Ein Allesfresser. Ein Aasfresser. Sah aus wie ein Waschbär und nahm den Dachsen und Füchsen die Baue weg. Schleppte Krankheiten ein und verdrängte heimische Arten aus ihren ökologischen Nischen. Ihr Reproduktionserfolg war enorm, weil sich beide Eltern um den Nachwuchs kümmerten.

Alle pflanzten sich munter fort. Nur ihre Artgenossen nicht. Stattdessen taten sie, als wäre hier nichts mehr zu holen, als fände die Zukunft woanders statt, irgendwo da draußen, jenseits der Elbe, der Grenze, des Kontinents. Alle sahen zu, dass sie irgendeinen Zipfel einer Wirklichkeit zu fassen bekamen, die sie hier partout nicht sehen wollten. Als ob es an diesem Ort kein Leben gab. Überall war Leben. Selbst im abgestandenen Regenwasser.

Am Ende war das Wetter an allem schuld. Auch daran, dass ihre Tochter drüben blieb. Wie sie das gesagt hatte: *Hat man sich einmal an die Sonne gewöhnt, ist man für Mitteleuropa verdorben.* Mitteleuropa. Wie das schon klang. Der Ortswechsel, die Luftveränderung, das Klima wurde überbewertet. Sie waren doch nicht tuberkulös.

Alle machten sich vom Acker. Nichts hatten sie begriffen. Wer die Welt verstehen wollte, musste zu Hause damit anfangen. In der Heimat. Unserer Heimat. Von Kap Arkona bis zum Fichtelberg. Abhauen war ja keine Kunst. Das hatte sie immer den anderen überlassen. Es hatte nur eine ganz kurze Zeit gegeben, in der sie mit dem Gedanken spielte. Aber das war lange her. Sie war geblieben. Freiheit wurde überbewertet. Die Welt war entdeckt, die meisten Arten bestimmt. Man konnte getrost zu Hause bleiben.

»Nein, die Lohmark geht bestimmt zu ihrer Tochter nach Amiland. Schaut vom Verandaschaukelstuhl aus den Enkeln beim Spielen zu.« Kattner, der immer noch am Vertretungsplan fummelte.

Netter Versuch.

Wenigstens machten Meinhard und Thiele ihr Platz, als sie sich zu ihnen setzte. Ohnehin erstaunlich, wie schnell sich Meinhard eingewöhnt hatte. Ein junger Mann mit einem Mutterkörper. Mathematikreferendar. Der Gürtel saß eine Handbreit zu hoch. Ein tapsiger Sanguiniker mit roten Wangen und einem Flaum über der Oberlippe, der nicht zum Bart reichte. Unter seinem hellen, bis oben zugeknöpften Hemd zeichneten sich zwei spitze Brüste ab. Ein Fall für die Männerheilkunde. Etwas an ihm war unfertig und würde es immer bleiben.

Thiele dagegen mit seinen scharfen Konturen, dem schmal geschnittenen Gesicht, um den Mund ein paar rissige Furchen. Sein angegrautes Haar trug er nach hinten gekämmt, und trotz eines zerfaserten Leninbartes machte er einen gepflegten Eindruck. Wie viele Kommunisten wirkte er beinahe aristokratisch. Immer besorgt. Aber fest entschlossen, dem Untergang seines Hauses gefasst entgegenzublicken. Meistens verzog er sich in sein Kabuff, eine Abstellkammer für Kartenständer und Unterrichtsmaterialien, die er als Büro in Beschlag genommen hatte. Sein Politbüro. Er rauchte importierte Zigarillos und wartete noch immer auf die Weltrevolution. Ständig machte er Geräusche, rumorte seine Peristaltik. Sein hagerer Leib war ein Verstärker all der Sorgen, die ihm querlagen.

»Es ist die Pest.« Typisch Thiele. Murmelte immer irgendwas in seinen Weltanschauungsbart.

»Was denn?« Meinhard verstand nicht.

»Die Pest von heute.« Thiele starrte auf die Tischplatte. Armer alter Zausel.

»Auf siebzig Frauen hundert Männer.« Er blickte hoch.

»Verstehste? Die können sich die besten aussuchen.«

Seine Frau hatte ihn verlassen. Zu DDR-Zeiten hatte sie rübergemacht. Aber jetzt tat er so, als wäre er Opfer des demographischen Wandels. Einer von den dreißig Männern, für die keine Frau mehr übrig geblieben war. Zum Junggesellendasein verurteilt. Meistens Dosenfutter, am Rande der Verwahrlosung. Gezwungen, seine Dreckwäsche selbst in die Maschine zu stopfen.

»Der Rest kann ja schwul werden.« Kattner wieder. Breit grinsend setzte er sich zu ihnen. Ein wenig müde von den Ferien sah er aus. Unter dem Bürstenhaarschnitt ein Gesicht, das sie sich immer noch nicht merken konnte. Er fing an, seine Ärmel hochzukrempeln. Zum Vorschein kamen bemerkenswert braune Unterarme. Kattner, der Alleskönner, der Dauerdurchhalter, das wechselwarme Wesen. Keiner hatte diesen Job machen wollen. Er hatte sich erbarmt. Und mit den Jahren hatte sich der Sozialkundelehrer, der hergekommen war, um ihnen die Demokratie beizubringen, in ein Alphatier verwandelt. Aus dem Übergangsdirektor war ein gut gelaunter Vollstrecker geworden, der den Laden am Laufen hielt, solange es diesen Laden eben noch gab. Seit fünfzehn Jahren leitete er die Schule, und es schien ihm sogar Spaß zu machen, sie geradewegs ins Aus zu manövrieren. Er behauptete sogar, dass das für alle eine Chance sei. Für ihn vielleicht. Sein Abenteuerspielplatz. Kattner hatte immer noch was in der Hinterhand, zwei Pläne B. Ein Häuschen, eine geschiedene Ehe, zwei missratene Kinder. Vielleicht sogar drei, wenn das Gerücht stimmte. Verklemmt, aber kein Kind von Traurigkeit. Im Grunde war es ja auch egal, wer diesen Laden abwickelte. Der Letzte macht das Licht aus.

»Ein Drittel starb an der Pest, fünfzehnhundertfünfundsechzig. Das ist jetzt die neue Pest.« Als ob das zur Sache tat. Aber für Thiele war immer Unterricht.

»Thiele, du könntest wirklich was zur Regionalgeschichte machen.« Er sollte sich nicht so aufregen. Sie strich über seine fleckige Hand. Weich wie junges Leder.

»Dreißig Prozent. Damit kann man schon 'ne Wahl gewinnen.« Meinhard. Er wollte wohl ablenken.

»Ja, Leute.« Kattner rieb sich die Hände. Der war schon wieder in Redelaune. Das sah man gleich. »Das hier ist eine Schule im Abbau. Aber wir verwalten nicht das Ende, wir machen diese Schule zukunftsfähig.« Schon klar: Der Tod gehörte auch zum Leben. »So neu und so dramatisch einmalig sind sterbende Landschaften überhaupt nicht. Anderswo werden auch Schulen geschlossen. Auch im Westen. Im Ruhrgebiet. Halb Niedersachsen steht leer. Das ist eine ganz allgemeine Entwicklung. Noch nichts von Landflucht gehört?« Dass er glaubte, sie hätten Nachhilfe nötig. »Dem Osten geht es sogar noch gut. Hier wurde ja wenigstens noch Geld reingesteckt. Die ganzen neuen Straßenlampen, die Autobahn ...«

»Die haben aber errechnet, dass die Autobahn sich gar nicht rentiert, weil es viel zu wenig Verkehr gibt.« Meinhard las anscheinend auch die Zeitung.

»Ja, die Menschen kommen nicht her, die fahren weg. Die hätten lieber eine Einbahnstraße bauen sollen.« Endstation Vorpommern. Ein zugewiesener Lebensraum.

»Ist schon verrückt.« Thiele räusperte sich und drückte den Rücken durch. »Früher war es eine Strafe, wenn man seine Stadt verlassen musste. Die Verbannung, das war das Allerschlimmste.« Er blickte auf. »Heute gehört man zu den Gewinnern.«

Kattner biss in eine Möhre und lehnte sich zurück. »Die Martens hätten ein wenig schlauer geraten müssen, dann wären wir fein raus gewesen.«

»Die Martens?« Wie dumm Meinhard gucken konnte.

»Wie die Kaninchen ...« Kattner steckte die Möhre in seine Faust. »Aber schad' doch nichts. Drei solche Familien und wir wären gerettet gewesen. Wir hätten noch Klassen bis zur Rente. Aber nein! Wer Abitur hat, wird frigide.«

»Sie meinen wohl unfruchtbar.« Meinhard hatte auch schon die Lehrerkrankheit. Den Berichtigungswahn.

»Ach, das ist doch eh das Gleiche.«

»Na, du hast dir alle Mühe gegeben, damit es reicht. Aber du hättest wohl ein wenig früher anfangen müssen.«

Das saß. Kattner beugte sich wieder vor. Angriffslustig.

»Hör mal zu, Lohmark. Wir mussten uns alle evaluieren lassen. Wir hatten alle Hospitanzen. Nicht nur du.«

Dass er jetzt wieder damit anfing. Die Zeit der Eindringlinge war endgültig vorbei, die Zeit der Besserwisser, die sich einen Stuhl in die Ecke stellten, nur mal Mäuschen spielen

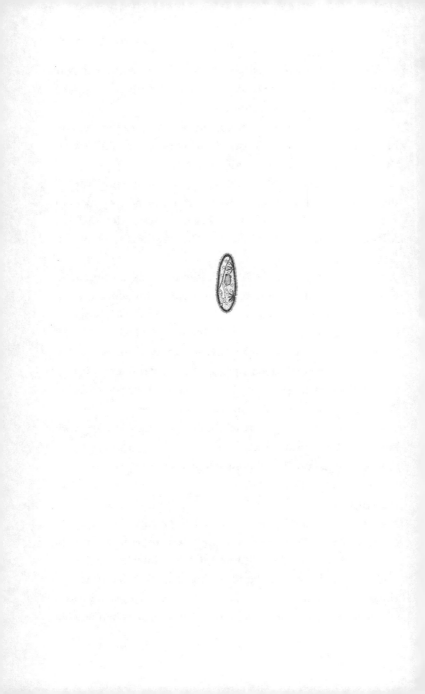

wollten, wie es der letzte Hospitant, dieser kinnbärtige Knilch vom Schulamt, jovial lächelnd ausgedrückt hatte. Aber dieses Mäuschen war eine Ratte gewesen, die es gewagt hatte, ihren Unterricht zu kritisieren. *Frau Lohmark unterrichtet frontal*, stand in dem Bericht. Ja, wie denn sonst, Klugscheißer! Gesprächskreise wie die Schwanneke? Gruppenarbeit etwa? Die Kinder machten doch nur Blödsinn. Mikroskopierten Popel statt Zwiebelhäutchen. Und weinten den Pantoffeltierchen im Heuaufguss nach, wenn sie die stinkende Brühe endlich ins Klosett kippten. Die Ergebnisse schrieben sie sowieso beim amtierenden Pferdeschwanz ab.

Wirklichkeitsnäher sollte ihr Unterricht werden, wurde ihr danach empfohlen. Was für ein Schwachsinn! Wirklichkeitsnah war die Biologie doch sowieso. Die Lehre vom Leben, seinen Gesetzmäßigkeiten und Erscheinungsformen, seine Ausbreitung in Zeit und Raum. Eine Beobachtungswissenschaft, die alle Sinne ansprach. Aber das war mal wieder typisch: Erst das Tiertöten für die Sezierstunde verbieten und dann mehr Wirklichkeitsnähe fordern!

Was jetzt alles nicht mehr erlaubt war. Von wegen Tierversuche. Was sollte daran Quälerei sein? Die Tiere waren doch tot! Studienobjekte. Forschungszwecke. Experimente. Ein befruchtetes Ei vom Rotlicht ausbrüten lassen. Es öffnen, um den Herzschlag zu sehen. Lampe aus. Beweis erbracht. Der Apothekerfrosch, der die Schwangerschaft erkennt. Laichende Weibchen im Frauenurin. Zahnbelag in der Petrischale. Das Zucken der abgetrennten Froschschenkel. Noch nass. Die Muskeln, die sie mit Silber und Eisen berührten. Zwei Metalle, edel und unedel, aus der weit entfernten galvanischen Reihe. Der erbrachte Beweis. Die Nervenbahn war eine Reizleitung. Ein Stromkreis. Chemische Energie konnte in elektrische umgewandelt werden. Die Natur sprach im Versuch. Aber nein: Jetzt durfte man nur noch toten Fischen den Bauch aufschneiden. Doch Heringe stanken schnell. Und Forellen waren teuer. Wenigstens waren Kuhaugen noch erlaubt, aber wegen des Rinderwahns sollte man lieber Schweineaugen verwenden. Sie liebte diesen Moment, wenn die Linse auf das ausgebreitete Zeitungspapier fiel und ein Wort des Artikels vergrößerte. Dann wurde es endlich einmal ruhig. Die Kinder vergaßen ihren Ekel und bestaunten andächtig das Schillern der Netzhaut. Natürlich ging es um Anschaulichkeit. Aber sie konnte nicht jeden Tag mit dem Greifreflex kommen, den regenerationsversessenen Regenwürmern oder den Pawlow'schen Sabberhunden. Dioramen gab es im Naturkundemuseum. Feuchtpräparate, fluoreszierende Knochen und blinkende Knöpfe. Nichts ging über Frontalunterricht. Ihr Unterricht war gut. Ihre Schüler waren gut. Gewiss: Einige hatten Angst vor ihr. Ihre Leistungskontrollen kamen aus heiterem Himmel, aber das hatte sich herumgesprochen, und so waren sie meistens vorbereitet. Was sie lehrte, bestimmte immer noch sie. Und der Lehrplan: das Spiralcurriculum. Vom Einfachen zum Komplexen. Lauter Themen, die in immer komplizierterer Gestalt wiederkehrten. Wie ein Schraubstock, der langsam festgedreht wurde. Was zählte, war das Ergebnis. Und ihre Ergebnisse waren gut. Der Zensurenspiegel lag über dem Landesdurchschnitt. Immer schon. Klar hatte sie Glück gehabt. Biologie und Sport. Dem Leben auf der Spur. Die Naturwissenschaften mussten nicht neu geschrieben werden. Da ging es nicht um meinen und denken. Es wurde beobachtet und untersucht, bestimmt und erklärt! Hypothese, Induktion, Deduktion. Naturgesetze waren international. Thiele und die Bernburgerin hatten ganz schön zu knabbern gehabt an den neuen Daten und Fakten. Ein paar Grenzen weniger, immerhin. Aber die Biologie. Die war Tatsache. Und der Biologieunterricht Tatsachenbericht. Hier wurde Wissen vermittelt, das gesichert war und durch keine Umstellung auf ein anderes politisches System hinfällig wurde. Die Welt ließ sich allein aus sich heraus beschreiben und erklären. Und die Gesetze, der sie unterworfen war, hatten uneingeschränkte Gültigkeit. Darüber gab es nichts abzustimmen. Das war echte Diktatur!

»Meinhard, wissen Sie, woran man die Martenskinder erkennt?« Kattner beugte sich vor. »An den angenagten Gesichtern.« Der Genuss, mit dem er sich über die Wange strich.

»Ach, hör doch auf mit den Gruselmärchen.« Dass er es einfach nicht lassen konnte. Dabei war das weit vor seiner Zeit gewesen. So ein Geschichtenschmarotzer.

»Die wollten auch ein Scheißhaus haben. Damals auf ihrem Gehöft. Haben einfach ein Rohr in den Keller gelegt. Fertig war die Laube. Die Scheißhauslaube. Bis die Ratten kamen. Erst in den Keller, dann die Treppe hoch, ins Kinderzimmer. Und Kinder waren ja genug da ...«

Es gab verschiedene Strategien der Fortpflanzung. Die K-Strategen investierten viel Zeit und Mühe in wenige Nachkommen, die r-Strategen wenig in viele. Ganz einfache Rechnung: Qualität gegen Quantität. Das Ziel war die Erhöhung der Überlebenschance. Es war wie beim Wetten: Entweder setzte man alles auf eine Karte. Oder man streute den Einsatz. Und auch wenn zwei der Martensbälger wirklich hässliche muttermalähnliche Narben davongetragen hatten, so waren sie immerhin noch am Leben. »Wenigstens haben die Kollegen von der Sonderschule noch ein paar Jahre Arbeit.«

Kattner seufzte. Seine Art, sie ins Vertrauen zu ziehen. Warnung und Tarnung.

»Ach, Kollegen, wisst ihr noch? Als die verwandten Fächer noch an einem Tisch saßen ...« Nun also die Verbrüderungstaktik. Gemeinschaftsduschen. »Alle für sich. Am Fenster die gackernden Kunst-Deutsch-Lehrerinnen, die traurigen Geographen und Historiker weiter vorn, die stinkenden Sportlehrer, die vornehme Mathe-Physik-Fraktion hier vor der Vitrine mit den Pokalen.« Er zeigte auf die Trophäen, stockte. Was für eine Show. »Die könnten wir mal wieder putzen, Lohmark.«

»Ja, das könnten wir.« Als hätte sie ihm das nicht schon vor den Ferien gesagt.

»Nun gut. Und jetzt, schaut euch um! Alles leer. Nur noch zwei Tische. Hier die Naturwissenschaft, dort die Geisteswissenschaft. Hier die Fakten, dort die Fiktion. Hier die Realität, dort die Interpretation.« Trommelwirbel und Tusch. »Diese Schule stirbt nicht. Sie konzentriert sich auf das Wesentliche!« Er schlug auf den Tisch und zog die Stirn in Falten. Alle Achtung. Vielleicht glaubte er sogar, was er sagte. »Aber wir reden einfach zu wenig.« Sie waren auch in einer Schule, nicht beim Parteitag. »Das hier ist eine einmalige Chance.« Er war noch längst nicht fertig. Wie bei den wöchentlichen Sitzungen, wo er gern eine Grundsatzdiskussion vom Zaun brach und das dann als demokratische Weiterbildung verkaufen wollte. Immer durfte jeder irgendetwas sagen. Und alle hatten auch noch recht. Friede, Freude, Mutterkuchen. Alles konnte widersprüchlich sein. Und nichts ergab einen Sinn.

Der Wahrheit war niemand gewachsen: Der Existenz einer einzigen, nachprüfbaren, beweisbaren Wirklichkeit. Erst recht nicht diese Männer, die aus Angst vor dem richtigen Leben gleich ganz auf der Schule geblieben waren und sich hinter verschlossenen Türen vor Halbwüchsigen aufplusterten. Imponierverhalten ewiger Sitzenbleiber. Man musste die Welt nehmen, wie sie war. Nicht wie man sie sich wünschte.

»Ich versprech euch: Wir werden wettbewerbstauglich. Wir machen diese Schule zukunftsfähig. Gemeinsam. Zusammen mit den Schülern. Wir brauchen mehr Engagement. Auch außerhalb des Unterrichts. Deshalb habe ich beschlossen, dass ich wöchentlich eine Ansprache halte. Motivationstraining. Um den Zusammenhalt zu stärken. Eine Zukunftsrede. Wie findet ihr das? So eine Art Appell. Das kennt ihr doch.«

Der drehte ja völlig durch. War wohl nicht ausgelastet. Jetzt auch noch Losungen und Klassenziele. Erbauung und Ertüchtigung der Schülerseelen. Der Aufbauhelfer wollte predigen. Die Totenmesse lesen. Das ganze Programm.

»Wenn du das wirklich wöchentlich machst, dann ist es doch gar nichts Besonderes mehr. Dann sind doch alle sofort übersättigt.« Der Trick hatte schon früher funktioniert.

»Lohmark, du hast recht. Einmal im Monat. Montag. Nein! Besser mitten in der Woche. Am Mittwoch! In der großen Pause. Am ersten Mittwoch jeden Monats. So machen wir's.« Er schien zufrieden. Grinste und deutete aufs Brillenporträt.

»Wer ist noch einmal Lilo Herrmann?« Betont fröhlich.

»Eine deutsche Arbeiterfaschistin.« Thieles Antwort, ganz trocken, ohne den Blick zu heben. So soll eine Schülerin bei der Prüfung geantwortet haben, vor mehr als zwanzig Jahren. Nicht als Provokation, sondern aus purer Dummheit. Es war

Thieles bester Witz. Kattner gab ihn gern zum Besten. Sein Faible für Anekdoten aus dem Land, das er ihnen abgewöhnen sollte. Insgeheim bedauerte er doch, nicht dabei gewesen zu sein. War stolz, wenn die Leute glaubten, er käme von hier.

Kattner tippte Thiele an.

»Kamerad, wir müssen demnächst noch mal über dein Politbüro reden. So geht das nicht weiter.«

Thiele sagte nichts. Kattner ließ ihn los. An der Tür drehte er sich noch einmal um.

»Also: Sportfrei! Und ein Hoch auf die Frischluft, Kollegin!« Er salutierte und verschwand. Diese Schule war wirklich ein Schiff, das unterging. Rudern war längst überflüssig. Alle verteidigten nur den eigenen Lebenslauf. Was blieb einem auch anderes übrig, als der zufälligen, zwangsläufigen Abfolge der Ereignisse irgendeinen Sinn zuzuschreiben? Die Heirat, die unvermeidliche Geburt des ersten Kindes, die beinahe zwangsläufige des zweiten. Thiele als stramme Rothaut hatte seiner Frau sogar noch ein drittes abgerungen. Kommunisten bekamen drei, Pfarrer vier oder fünf und Asoziale sechs aufwärts. Wie viele Kinder die Martens mittlerweile hatten, wusste keiner genau. Sie hatte mal eines der Martensbälger gefragt, als die Hilfsschüler noch mit demselben Bus in die Stadt fuhren. Es versprach, zu Hause nachzufragen. Dann, beim nächsten Mal, zählte das Kind seine Geschwister an den Fingern ab. Es brauchte drei Hände. Dreizehn waren sie. Jedenfalls damals. Mit den Babys der beiden ältesten Schwestern sogar fünfzehn. Wie die Orgelpfeifen. Dreizehn. Das waren mehr, als jetzt in ihrer Klasse saßen.

Sie hatte nur ein Kind, ein einziges. Und das war so weit weg, dass es eigentlich nicht zählte. Sie war wohl eine K-Strategin. Die Gefahr der Ausrottung war groß, wenn die Geburtenrate so niedrig war. Was nützte ein Kind auf der anderen Seite der Erde? Eines, das durch die Zeitverschiebung von ihr getrennt war, neun ganze Stunden, mehr als ein halber Tag? Einer war dem anderen immer voraus. Nie konnte man sich merken, wer wem. Es war unmöglich, auch nur einen Moment zu teilen. Die Martens hatten genug Reserve, wenn eines unter die Räder kam. Aber ein Kind. Das war alles oder nichts.

In ihrer Kammer in der Sporthalle war alles noch genauso, wie sie es vor den Ferien zurückgelassen hatte. Auf dem Tisch lagen Trillerpfeife und Stoppuhr. Die Vorhänge waren zugezogen. Angenehmes Dämmerlicht.

Wie müde sie auf einmal war. Sich hinsetzen. Nur kurz. Den Kopf an die Wand lehnen. Im Spiegel über dem Waschbecken ein Stück ihres Kopfes. Die Stirn. Die Falten. Der Haaransatz, die Haare grau, seit mehr als zwanzig Jahren. Ein paar Minuten durchatmen. Den blau-grauen Trainingsanzug auf dem Schoß. Die Beine nackt, käsig, als hätte es keinen Sommer gegeben. Auf den Oberschenkeln fühlten sich die Handflächen kühl an. Die Wärme schob sich in Wellen aufwärts. In den Kopf. Über den Augen ein Flimmern und plötzlich Schweiß. Eine Hitzewallung wie aus dem Lehrbuch. Aber das stand ja in keinem Lehrbuch. Das lernten sie nämlich nicht. Die zweite Verwandlung des Körpers wurde ihnen verschwiegen. Der schleichende Rückbau. Verkümmerung des Gebärtraktes. Einstellung der Periode. Trockene Scheide. Welkes Fleisch. Immer ging es nur ums Blühen. Herbst. Meine Güte. Ja, es war Herbst. Blätterrauschen. Wo sollte jetzt noch ein zweiter Frühling herkommen? Es war lachhaft. Die Ernte einfahren. Netze einholen. Dankfeststimmung. Rentenvorfreude. Lebensabend. Über allen Gipfeln war Ruh. Aber woher kam diese Müdigkeit? Vom Wetter oder vom ersten Schultag?

Sie war aufgewacht letzte Nacht. Es musste vor vier Uhr gewesen sein. Noch war es stockfinster. Ein Luftzug, der ihr Gesicht streifte. Einmal. Noch einmal. Der Puls sofort auf Hundertachtzig. Ein Flattern. Ein großer Schmetterling? Ein Ligusterschwärmer, aber für den war es eigentlich zu spät. Dann Ruhe. Er musste sich gesetzt haben. Vielleicht war er auch gar nicht mehr da. Sie hatte eine Weile nach dem Schalter der Nachttischlampe tasten müssen. Als es dann endlich hell wurde, schoss das Tier panisch durch den Raum. Flog große Schlaufen. Imaginäre Achten, drei Handbreit unter der Zimmerdecke. Geisterbahnflattern. Eine Fledermaus! Eine junge Zwergfledermaus, die sich verirrt hatte. Das Radarsystem hatte versagt, ihr untrüglicher Orientierungssinn sie verlassen. Ihr Maul war offen, sie schrie. Aber diese Schreie waren nicht zu hören.

Ihre Intelligenz reichte vielleicht aus, um durch gekippte Fenster zu fliegen und zu erkennen, dass das hier keine Scheunenritze war, keine Baumhöhlung, kein Gemäuerloch eines Trafohäuschens, aber nicht, um durch den Fensterspalt wieder nach draußen zu finden. Es musste aus einer der Wochenstuben gekommen sein, die sich jetzt, am Ende des Sommers, auflösten. Jedes Tier war auf sich allein gestellt. Auf der Suche nach einem neuen Zuhause.

Sie hatte das Licht gelöscht und war leise in den Keller gegangen. Zur Sicherheit hatte sie sich die Decke über den Kopf gezogen. Gut, dass Wolfgang so einen tiefen Schlaf hatte. Er hätte sich erschreckt bei ihrem Anblick. Ein Gespenst auf nächtlichem Rundgang. Sie hörte sein Schnarchen noch, als sie vor dem Regal mit den Einweckgläsern stand.

Dann ging alles ganz schnell. Wahrscheinlich spürte das Tier, dass sie seine Rettung war. Ein paar Mal nahm es Reißaus, aber dann, als sie wieder das Glas über seinen kleinen Körper stülpen wollte, ergab es sich vor lauter Angst. Einen Moment lang zuckte es, dann faltete es seine Flügel zusammen und erstarrte. Es sah aus wie tot. Ausgestopft. Sehr zerbrechlich: Braunes, dichtes Mäusefell. Kleine, krumme Zehenkrallen. Ledrige Flügelspitzen. Die feine Flugmembran. Hervorstehende rote Gelenke. Die schwarzen Widerhaken der gereckten Daumen. Der platte Kopf. Eine nass glänzende Schnauze. Winzige Vampirzähne. Der entsetzte Mund eines Neugeborenen. Harte ängstliche Augen. So viel Angst. Sie waren eher mit den Menschen verwandt als mit den Mäusen. Der gleiche Knochensatz: Oberarm, Speiche, Elle und Handwurzel. In den trichterförmigen Ohren der gleiche Knorpel. Dazu anatomisch identische Geschlechtsorgane. Ein Paar brustständige Zitzen. Freihängender Penis. Pro Jahr ein oder zwei Junge. Und bei der Geburt waren auch sie fast vollständig nackt.

Kurz hatte sie noch überlegt, ob sie die Fledermaus im Unterricht einsetzen könnte. Der neuen Klasse gleich einen typischen Kulturfolger präsentieren. Das kleinste aller Säugetiere. Aber dann wollte sie das Vieh nur so schnell wie möglich loswerden. Sie öffnete das Fenster. Und dann das Glas. Ganz langsam kroch das Tier heraus, fiel erst ein Stück, dann fing es sich, breitete die Flügel aus und verschwand im Dunkel,

irgendwohin Richtung Garage. Schnell schloss sie das Fenster und legte sich wieder hin. Erst als es hell wurde, schlief sie endlich ein.

Auf dem Flur gackerten die Mädchen. Also los. Sie raffte sich auf, zog sich an und ging hinaus, um sie auf dem Schulhof antreten zu lassen.

»Stillgestanden!«

Die Linie war wellig.

»Brust raus, Po rein!«

Zwei Mädchen mussten miteinander tauschen, ehe die abfallende Reihe wieder stimmte und sie ordentlich dastanden, der Größe nach geordnet. Übersicht war alles.

»Sport frei! Drei Runden zum Aufwärmen – ohne Abkürzungen! Sie wissen, ich habe meine Augen überall.«

Es tat gut, draußen zu sein.

»Hopp. Hopp.«

Die Mädchen liefen los, schoben ihre jungen, aber schon lahmen Körper über den Hof und verschwanden hinter dem Hauptgebäude Richtung Stadtwall.

Kaum zu glauben, dass ausgerechnet die sich im evolutionären Wettkampf durchgesetzt haben sollten. Die Auslese war wirklich blind. Sie war zwar mehr als dreimal so alt wie diese Memmen, aber ihre Kondition war um Längen besser. Sie würde haushoch gegen sie gewinnen. Es fehlte ihnen jegliche Grundspannung. Plumpe Motorik. Wackelnde Fettpolster. Kein Blumentopf war mit denen zu gewinnen. Es kamen aber auch keine Kader mehr, die sich das eine oder andere Pferdchen aus Lohmarks Stall geholt hätten. Früher war das anders. Die Ehrentafel hing noch immer im Eingangsbereich der Sporthalle. Darauf hatte sie bestanden. Damit alle sahen, was Rekorde waren: Vergilbte Zahlen. Die Sportfeste damals: Spikes unter den über die Grenze geschmuggelten Laufschuhen. Die frisch geweißten Linien auf der roten Aschebahn. Lautsprecherstimmen. Auf die Plätze. In die Startblöcke. Fertig. Muskeln angespannt. Schuss. Der Start war alles. Gold, Silber, Bronze. Glänzende Pappe an roten Geschenkbändern. Wie viele sie davon zu Hause hatte. Eine Schublade voll. Sehnige Kinderkörper, die sich dem Zielstrich entgegenstreckten und dann vornüberstürzend über die Linie stolperten, wie sie es im Fernsehen gesehen hatten. Damals hatte sie eine ganze Reihe von Siegern der Kreisspartakiade und sogar einen Gewinner der Bezirksspartakiade hervorgebracht. Immer den Blick dafür, wer für was taugte, jenseits der Sportweisheiten. Stabhochspringer und Turner mussten klein sein, Basketballer hingegen übergroß, und ein ordentlicher Schwimmer konnte nur werden, wer ausladende Arme und überdimensionierte Füße hatte. Das war das eine. Sie sah aber sofort, wer willig war, all seine Interessen einem strikten Trainingsplan unterzuordnen. Wer über genug Demut und Disziplin verfügte, um sich irgendwann im Wettkampf durchzusetzen. Bis dahin konnten schließlich Jahre vergehen. Es ging darum, diffuse Neigungen in zweckmäßige Bahnen zu lenken. Talente in Sieger zu verwandeln. Heute konnte man schon froh sein, wenn man den Mädchen abgewöhnte, sich wegen ihrer Regelblutung krankzumelden. Dass sie sich überhaupt noch trauten, Weltmeisterschaften auszurichten, wo doch so viele Talente unerkannt blieben. Aber es zählte ja nur das Ergebnis, nicht das Potenzial.

Die Ersten trudelten mit roten Wangen wieder auf dem Schulhof ein.

Regen setzte ein, zögernd und lautlos. Sofort machten sie Protestgesichter. Keine Diskussion. Kurze Erinnerung an den Segen der Abhärtung. Anlauf und ab in den klammen Sand. Einige der Grazien beschwerten sich über ein paar Blätter auf der kurzen Bahn. Als gelte es, olympisches Gold zu erobern. Um dann, als die Bahn endlich frei war, loszutraben, lustlos, ohne das geringste Anzeichen von Anstrengung. Wie nasse Säcke ließen sie sich in den Sand plumpsen. Das also war die Zukunft. Vom Fitnesswahn keine Spur. Das waren die Mütter zukünftiger Generationen. Zumindest theoretisch. Nur weil sie noch alles vor sich hatten, konnten sie sich so gehenlassen.

Noch acht Wochen bis zu den Herbstferien. Mehrmals drehte sie den Schlüssel im Zündschloss. Der Wagen gab nur ein heiseres Röcheln von sich. Sie stieg aus, öffnete die Motorhaube, aber dort war auch nichts Augenscheinliches zu entdecken. Wolfgang meinte sowieso, dass sie ein neues Auto brauchte. Brauchte sie nicht. Es musste die Batterie sein. Das war schon ein paar Mal passiert. Und das am ersten Tag. Nun gut. Dann also mit dem Bus. Sie ließ den Wagen stehen und ging zur Haltestelle. Drei Zahlenkolonnen auf dem Plan. Mittags. Nachmittags. Abends. Der Einser. Der Vierer und der Sechser. Danach war Schluss. Bis zur Abfahrt des Ein-Uhr-Busses blieb noch Zeit.

Sie nahm den Trampelpfad über das krautige Rasenstück hinter der Sporthalle bis hoch auf den Wall und ging ein Stück unter den Kastanien an der abgebrochenen Festungsmauer entlang. Die verwitterten Backsteine schimmerten feucht, und auf dem nassen Boden streckten die vom Regen aufgeblähten Blätter fiedrige Finger in die Höhe. In den Pfützen lagen die stacheligen Früchte, aufgeplatzt. Verdunstung und Niederschlag. Der natürliche Kreislauf. Wasser auf dem Weg ins Meer.

Es war nicht einfach, auszumachen, welche der Stadthäuser am Ring noch bewohnt waren. Alle mit Blick ins Grüne, auf den Wall. Und auf den Stadtgraben, einen namenlosen, stinkenden Wasserlauf. Lücken in der Häuserreihe. Beschmierte Gründerzeitbauten neben halb verputzten Fassaden. Mit Spanplatten vernagelte Fensterlöcher. Der Abdruck eines abgerissenen Hauses in einer Brandmauer. Weit verzweigte Risse. Adern im blätternden Putz. Die Wände voller Parolen: Reichtum für alle. Wessis aufs Maul. Ausländer raus.

Nur das Tor aus backsteingotischer Vorzeit trotzte dem Verfall. Das hatte ja auch den Dreißigjährigen Krieg überstanden. Aber das hier war kein Krieg mehr. Das war schon Kapitulation. Auf der Hohen Straße kam ihr eine Frau entgegen. Älter als sie. Kugeliger Bauch. Wächsernes Gesicht. Das zigarettengelbe Haar zum Dutt geknotet. Unterm Arm einen großen quadratischen Umschlag mit Röntgenaufnahmen. Die gehörte zu denen, die ihre Unterwäsche nur deshalb wechselten, weil sie Angst hatten, ins Krankenhaus zu kommen. Ein Unfall. Man konnte nie wissen. In ihrem Alter. Sie schaute durchdringend, fast fordernd. Nur nicht darauf eingehen. Keine Miene. Schreiadlerblick. Und wenn sie beide die letzten Menschen auf der Erde wären, würde Lohmark sie nicht grüßen. Was ging sie fremdes Elend an? Sollte die Alte ihr Nähebedürfnis doch woanders befriedigen.

Auf dem Markt vor dem Rathaus wie gewöhnlich ein paar Freizeittrinker. Der letzte Rest Verstand musste doch auch noch wegzusaufen sein. Einer stand auf dem kleinen Rasenstück und pinkelte gegen einen Strauch. Der alte Kindertrick: Wen ich nicht sehe, der sieht mich nicht. Das Sichtfeld schnurrte zusammen auf Reichweite eines Urinstrahls. Der freihängende Penis, ein Primat der Primaten. Schon beeindruckend, mit welcher konzentrierten Beiläufigkeit dieses Geschäft verrichtet wurde. Schamlose Selbstverständlichkeit. Frei wie ein Tier. Ein größeres Geschlecht als Kompensation für den verlorengegangenen Schwanz. Bestimmt waren Männer traurig, dass sie ihr Geschlecht nicht wie Hunde lecken konnten. Dafür konnten sie sich wenigstens mit beiden Händen daran festhalten. Ein Leben lang zu zweit. Die Ungleichheit der Geschlechter. Da fehlte eben das zweite X-Chromosom. Das war nicht zu kompensieren. Ungeniert umständlich knöpfte er die Hose zu und wankte zurück zu seiner Flasche. Kein Pegeltrinker. Eher Quartalssäufer. Die Hoffnung stirbt zuletzt.

Ansonsten dämmerte die Stadt, oder vielmehr das, was von ihr übrig geblieben war, in ihrem Mittagsschlaf, still und unwirklich, wie alles von Menschen Zurückgelassene. Früher warnte man gern vor den Gefahren der Überbevölkerung. Seitdem waren es bestimmt ein paar Milliarden mehr geworden auf diesem Planeten. Nur eben hier war davon nichts zu merken.

Wie diese Geisterstadt in der Mojave-Wüste, die sie besichtigt hatten. In der sengenden Mittagssonne eines besonders heißen, kalifornischen Sommertags. Sogar Eintritt hatten sie bezahlt. Das einzige Mal, dass sie und Wolfgang drüben waren, um Claudia zu besuchen. Bestimmt zehn Jahre her. Damals hieß es noch, dass sie bald wiederkommen werde, dass sie nur noch diesen einen Kurs beenden und vorher ihren Eltern zeigen wolle, wo sie das letzte Jahr gelebt hatte. Sie hatten es wirklich geglaubt. Sie alle.

Am Eingangstor eine Tafel mit den Einwohnerzahlen. Von der Gründung bis zum Ende. Von einigen Hundert bis Null. Eine emaillierte Waschschüssel in dem winzigen Museum, so aufgebahrt, als handelte es sich um einen Fund aus der Grube Messel. Ein Faltblatt mit Lebensläufen der einstigen Stadtbewohner in aberwitzigem Deutsch. Kaum verständliche Satzfragmente. Europäer, die in Trecks hierhergekommen waren. Oder allein. Die Heimat hatten sie verlassen für die Aussicht auf ein paar Klumpen Edelmetall. Harte Arbeit in den Stollen, in denen andere bereits Gold, Silber, Kupfer oder Borax gefunden hatten. Nichts war so gefährlich wie das Verlassen des natürlichen Lebensraums. Dass der Mensch nicht einmal vor der Wüste haltmachte! Seine Toleranzkurve war wirklich beachtlich. Er konnte beinahe überall überleben. Und musste das geradezu zwanghaft immer wieder unter Beweis stellen. Protzen mit der ökologischen Potenz. Die Ameisen brauchten Tausende von Arten, um die ganze Welt zu besiedeln, der Mensch schaffte das mit einer Handvoll Varietäten.

Ein wenig abseits stand die Schule. Ein Fachwerkhäuschen, das man nach einem Brand aus unerfindlichen Gründen im halben Maßstab nachgebaut hatte. Das Innere wie eine zu groß geratene Puppenstube. Über der Tafel eine Weltkarte. In der Mitte Amerika. Eurasien getrennt, an den Rand gedrängt. Ein Teil links, ein Teil rechts. Grönland war riesig. Ein weißes Land, so groß wie Afrika. An den Wänden Aushänge mit den umfangreichen Vorschriften für die Lehrerinnen: Nicht rauchen. Kein Eis essen. Mindestens zwei Unterröcke tragen. Als sie wieder raustrat, ins Helle, sah sie all die Notstromaggregate, die diese Wüstenkulisse mit Elektrizität versorgten, überall Souvenirbuden und Edelsteinlädchen. Auch wenn die Holzpflöcke, an denen einmal Pferde festgebunden worden waren, noch standen, auch wenn sich hinter der Geisterstadt noch die Grubeneingänge der alten Silbermine wie Mäuselöcher in die Steinwüste fraßen, konnte sie sich beim besten Willen nicht vorstellen, dass hier einmal wirkliche Menschen gelebt hatten, deren Überreste nun unter den Geröllhaufen des Friedhofs begraben liegen sollten. All das konnte doch nur eine Attrappe sein, eine Dorfattrappe inmitten einer vom Gebirgspanorama eingerahmten, staubigen Steinwüste. Und dafür hatte sie auch noch Geld gezahlt. Nein, Geschichte war wirklich nicht ihr Fach. Und Naturgeschichte schien hier keine große Rolle zu spielen. Die Wüste mochte geologisch interessant und ein wichtiger Lebensraum für eine Handvoll Tiere und Pflanzen sein. Aber die völlige Abwesenheit von Chlorophyll war zutiefst verstörend.

Auch diese Stadt hier würde sich von der Populationsschwankung nicht mehr erholen. Und niemand würde später für ihre Besichtigung Geld bezahlen. Eine Stadt im vorpommerschen Hinterland, die außer dem Sitz der Kreisverwaltung nichts mehr zu bieten hatte. Am schmalen Fluss ein Hafen für Schrott und Schuttgüter, eine Zuckerfabrik und ein Museum. Der Markt ein Parkplatz. Ein, zwei historische Straßenzeilen. Die turmlose Kirche ein riesiges Rudiment der Backsteingotik. Das Zentrum selbst voller Neubauten, WBS-Siebzig, einfachste Ausführung, ohne Spaltklinker oder Kieselsteine im Waschbeton. Erst waren sie saniert worden. Jetzt standen sie zum größten Teil leer. Die neue Autobahn vor der Tür, nur eine halbe Stunde weit weg. Dreißig Kilometer entfernt machte sie einen scharfen Knick nach Westen. Aber wenigstens wuchs hier was: Ein Bataillon Stiefmütterchen vor der Einkaufspassage. Veilchenfußvolk, neueste Aufhübschungsmaßnahme der Beschäftigungstherapierten. Gemeiner Efeu, der sich an den Balkonen der aufgetakelten Neubaufassaden verfing. Und es gab eine Unmenge von Pflanzen, die ihren Weg ohne menschliches Zutun in diese Siedlung gefunden hatten. Sie gediehen prächtig und beinahe unbemerkt: das einjährige Rispengras, das mit flachen Wurzeln jeden unbebauten Quadratzentimeter Boden besetzte. Das alte Ackerkraut, das sich von den Feldrändern vorgearbeitet hatte bis hierher, auf den Marktplatz, ins Zentrum der Stadt. Aus Pflasterritzen quoll der knechtische Vogelknöterich. Ganz zu schweigen vom Gemeinen Löwenzahn, der Allerweltsblume, die mit strotzender Potenz jede Straßenecke markierte. Die wilde Vegetation war überall. Die filzigen, weißen Blätter des gemeinen Beifußes. Der Krautteppich der Vogelmiere. Der unausrottbare Gänsefuß. Ein erstaunlicher Artenreichtum. Vor allem in der Steinstraße, wo sich Bauruinen mit leergezogenen Altbauten abwechselten. Häuser in ganz unterschiedlichen Stadien des Verfalls. Halt. Hatte die Bernburg hier nicht mal gewohnt? Die Klingel war rausgerissen, die Schilder nicht zu entziffern. Die Tür offen. Aus dem Keller drang kühle Luft. Im Hof blühte sogar eine Sandstrohblume. Hoch aufgeschossene Schafgarbe an einer Halde mit Bauschutt. Die falschen Ähren der Mäusegerste mit langen Grannen. Unkraut verging nicht.

Hier überlebte nur, was wucherte. Fern von den gepflegten Zierbeeten, gehätschelten Kleingärten und anderen mühsam

eingerichteten Sekundärbiotopen. Die strahlenlose Kamille, das trittfeste Mastkraut, die hinterlistige Quecke, das herzergreifende Hirtentäschel – hartnäckiges Wildkraut, störrischer Wuchs. Es war die Fortpflanzung, die das Bestehen sicherte. Komplizierte Bestäubungsaktionen hatten hier keinen Erfolg. Es musste schnell gehen. Noch ehe Schadstoffe ihm etwas anhaben konnten, hatte sich das Unkraut schon vermehrt. Die klebrigen Samen des zähblättrigen Breitwegerichs hefteten sich an jede Sohle. Der Wurmfarn schleuderte seine winzigen Sporen hinaus. Die Pusteblume ließ Fallschirme segeln. Vom Wind weggetragene Samen. Das Hirtentäschel konnte sich im Notfall sogar selbst bestäuben. Ortswechsel waren bei den Pflanzen selbst allerdings nicht vorgesehen. Es blieb ihnen gar nichts anderes übrig, als hierzubleiben. Und sie machten das Beste daraus. Unterwanderten frei gewordene Flächen, besetzten ungenutzte Zwischenräume, keimten in den Ritzen der Gehwegplatten, in den Rissen der Gemäuer, wurzelten in der schmutzigen Erde der Schutthalden, gruben sich in die verschütteten Reste früherer Bebauung. Lehm, Zement, Mörtel. Das machte ihnen nichts aus. Im Gegenteil. Selbst die trockenste, kalkreiche Erde war Nährboden genug für die hartgesottenen Vertreter der grünen Front.

Die Sprosspflanzen wurden einfach unterschätzt. Während ihrer Studienzeit hatte sie sich auch nicht für das Grünzeug erwärmen können. Servile Werktätige der Photosynthese-Fabrik. In unzähligen Übungen zu bestimmen. Immer ging es ums Zählen. Wie viel Blätter sie hatten, wie viel Staubgefäße. Nacktsprosser und Schachtelhalme, Bärlappe und Farne, Nackt- und Bedecktsamer, Zweikeimblättrige und Einkeimblättrige. Schmetterlingsblüten und Kreuzblüten, Lippenblüten und Korbblüten. Wechselständig, grundständig, kreuzgegenständig. Frucht. Futter, Heilmittel, Zier. Die einzelnen Organe der Photosynthese. Zufuhr des großen Kreislaufs, Motor des Stoffwechsels. Pflanzen verwandelten energiearme Stoffe in energiereiche. Bei den Tieren war es andersrum. Wir waren einfach nicht autotroph. In jedem kleinen Blatt, in jedem winzigen Chloroplast passierte Tag für Tag das Wunder, das uns alle am Leben hielt. Epidermis, Cuticula, Palisadengewebe. Wäre man grün, bräuchte man nicht mehr zu essen, nicht mehr einzukaufen, nicht mehr zu arbeiten. Man bräuchte überhaupt gar nichts mehr tun. Es genügte, sich ein wenig in die Sonne zu legen, Wasser zu trinken, Kohlendioxid aufzunehmen, und alles, aber auch alles, wäre geregelt. Chloroplasten unter der Haut. Es wäre wunderbar!

Die stumme, geduldige Vegetation. Alle Achtung. Sie konnten ohne Sprache kommunizieren und waren ohne Nervensystem schmerzempfindlich. Angeblich hatten sie sogar Gefühle. Das wäre allerdings kein Fortschritt. Vielleicht waren sie uns ja gerade deswegen überlegen, weil sie ohne Gefühle auskamen. Einige Pflanzen hatten mehr Gene als der Mensch. Die vielversprechendste Strategie, an die Macht zu kommen, war immer noch, unterschätzt zu werden. Um dann, im richtigen Moment, zuzuschlagen. Es war nicht zu übersehen, dass die Flora auf der Lauer lag. In Gräben, Gärten und Gewächshauskasernen warteten sie auf ihren Einsatz. Schon bald würde sie sich alles zurückholen. Die missbrauchten Territorien mit sauerstoffproduzierenden Fangarmen wieder in Besitz nehmen, der Witterung trotzen, mit ihren Wurzeln Asphalt und Beton sprengen. Die Überreste der vergangenen Zivilisation unter einer geschlossenen Krautdecke begraben.

Die Rückgabe an die Alt-Eigentümer war nur eine Frage der Zeit.

Stickstoffhungrige Brennnesseln, die sich an der grusigen Erde labten, wo schon bald die verholzten Triebe der Waldrebe ein undurchdringliches Dickicht bilden würden. Der Boden vom Farn bedeckt. Mit gespreizten Blättern. Halb frisch, halb verfault. Pilze, Flechten und Moose, die selbst auf Asphalt gediehen. Gespornt für die Ewigkeit. Ein Mantel des Schweigens. Alles trug schon den Samen zukünftiger Natur in sich, zukünftiger Landschaft, zukünftigen Walds. Angelegte Grünflächen? Mühsames Aufforsten? Hier war eine größere Macht am Werk! Niemand konnte sie aufhalten. Irgendwann, schon in ein paar Jahrhunderten, würde hier ein stattlicher Mischwald stehen. Und von allen Gebäuden würde höchstens die Kirche übrig sein, ausgehöhlt, ein Gerippe aus Backstein, eine Ruine im Wald, wie auf einem Gemälde. Herrlich. Man mußte größer, weiter denken, über das mickrige menschliche Maß hinaus. Was war schon Zeit? Die Pest, der Dreißigjährige Krieg, die Menschwerdung, das erste Feuer in den Höhlen der Hominiden? All das lag doch nur einen Wimpernschlag zurück. Der Mensch war ein flüchtiges Vorkommnis auf Proteinbasis. Ein zugegeben recht erstaunliches Tier, das diesen Planeten für kurze Zeit befallen hatte und schließlich, genau wie ein paar andere wundersame Wesen, wieder verschwinden würde. Von Würmern, Pilzen und Mikroben zersetzt. Oder unter einer dicken Sedimentschicht begraben. Ein lustiges Fossil. Von niemandem mehr ausgegraben. Die Pflanzen aber blieben. Sie waren vor uns da, und sie würden uns überleben. Noch war dieser Ort nur eine schrumpfende Stadt, die Produktion längst eingestellt, aber die wahren Produzenten waren schon am Werk. Nicht der Verfall würde diesen Ort heimsuchen, sondern die totale Verwilderung. Eine wuchernde Eingemeindung, eine friedliche Revolution. Blühende Landschaften.

Der Bus musste bald kommen. An der Haltestelle hatten sich schon die Fahrschüler zusammengerottet. Auch ein paar aus ihrer Klasse waren dabei: Kevin, Paul, der Dicke und die zwei Grazien von der Eselsbank. Sie hatten das Opfertier Ellen im Visier. Es galt das Faustrecht. Wenn sie so mutlos schaute, brauchte sie sich nicht zu wundern. Es gehörten immer zwei dazu. Sie hörte schon die Jammereien: Frau Lohmark! Frau Lohmark! Aber da war sie bei ihr an der falschen Adresse. Zum Opfer machte man sich immer nur selbst. Mitleid brauchte sechs Minuten, und so lange wollte Lohmark nicht warten. Außerdem redete sie grundsätzlich nicht außerhalb des Unterrichts mit Schülern. Mittags trennten sich ihre Wege. Das hier war nicht mehr ihr Revier.

Etwas abseits stand Erika, den Rucksack zwischen den Füßen, das rechte Bein angewinkelt, eine Schulter höher als die andere, das Gesicht unsymmetrisch wie ein Ulmenblatt. Von der Seite konnte man sie fast für einen Jungen halten. Sie trug eine dünne, zerknitterte Regenjacke, marineblau. Aus den weißen Bündchen schauten zarte Handgelenke. Die linke Hand eine halboffene Faust. Kreisende Kastanien. Sie schaute sehr ruhig auf irgendwas auf der anderen Straßenseite. Aber die Gedenktafel über der Eingangstür konnte sie von hier aus unmöglich lesen. War ja auch unwichtig. Das Kinn sah energisch aus. Auf der Wange ein weißer Fleck. Ein Storchenbiss.

Woher hatte sie den? Ein Unfall bei der Geburt. Eine abgerutschte Zange. Eine schlecht verheilte Narbe. Was kümmerte sie das? Sie könnte ihre Tochter sein. Ach was. Ihre Enkelin. Woher kam jetzt dieser blödsinnige Gedanke? Wie hatte Kattner das nur angestellt? Süßholzraspeln. Wie hatte er wohl das Mädchen rumgekriegt? Sie könnte wirklich ihre Enkelin sein. Schließlich hatte sie ja eine Tochter. Manchmal vergaß sie schon, dass sie überhaupt ein Kind hatte. Was um Himmels willen wollte Claudia dort? Sie würde es nie verstehen. Sowas war auch nicht zu verstehen. Zuerst war es ihr nur um einen Abschluss gegangen, dann um eine Reise, schließlich um einen Mann und dann um einen Job. Erst verschwand der Mann, dann der Job und über die Jahre auch alle anderen Gründe. Claudia reagierte schon lange nicht mehr, wenn Inge Lohmark nachfragte. Und irgendwann hatte sie aufgehört zu fragen, um die seltenen Telefongespräche nicht noch seltener werden zu lassen. Ab und an kam eine E-Mail. Kurze Lebenszeichen. Viele Grüße. Keine Nachrichten. Erst recht keine Antworten. Es sah schlecht aus mit Enkelkindern. Claudia war schon fünfunddreißig. Der Eisprung fand nicht mehr regelmäßig statt.

Mittlerweile hatten sie Ellen eingekreist. Kevin als Rudelführer. Der Dicke grinste breit und war froh, auch mal mitmischen zu dürfen. Sie schubsten sie ein wenig hin und her, nahmen ihr den Haarreif weg. Eigentlich waren sie ja für solche Kindereien zu alt. Pure Langeweile. Sie war so blöd mitzuspielen und rannte ihnen hinterher. Der Haarreif im Dreck. Ellen, die sich bückte. Kevin, der sie schubste. Konnte jetzt nicht endlich mal der Bus kommen? Wenn die so weitermachten, musste sie doch noch einschreiten. Ellen wimmerte, schloss die Augen und warf den Kopf in den Nacken. Die Kahnstellung. Aber die Beißhemmung gab es beim Menschen nicht.

Was für ein merkwürdiges Ohr Erika hatte. Eckige Wölbung. Ausgeprägter Knorpel. Seltsames Gebilde. Weißer Flaum auf den kräftigen Läppchen.

Erika drehte den Kopf und schaute sie an. Fast entrüstet. Was war denn mit der los? Was wollte die denn? Dieser stechende Blick. Dieser überlegene Ausdruck. Warum starrte sie so unerhört lange?

Endlich kam der Bus. Alle drängelten sich nach vorn. Erika ließ die Kastanien fallen und stieg gleichmütig ein. Wie eingebildet dieses Mädchen war. Inge Lohmark achtete darauf, die Letzte zu sein.

Nach ein paar Minuten hatten sie die Innenstadt verlassen und fuhren durch die Vorstadt. Vorbei an aufgegebenen Gewerbeflächen, Garagenbauten unter Flachdächern, der Kleingartenkolonie und den großen Parkplätzen der Einkaufsmärkte. Bald waren sie auf der Chaussee ins Hinterland. Ein großes Schild am Straßenrand: Kein Ort zum Sterben. Holzkreuze und verdreckte Kuscheltiere im Straßengraben erzählten was anderes.

Rechts der gescheiterte Versuch, aus einem alten Eisenbahnwaggon einen amerikanischen Schnellimbiss zu machen. Auf der linken Seite der alte Gutshof, den ein paar Zugezogene bewirtschafteten. Die Großstädter konnten es einfach nicht lassen. Sahen nicht ein, dass sie diese Gegend nur künstlich am Leben hielten, mit ihrer importierten Begeisterung für die störrische Weite und die unverputzten Häuser, sogar für die Maulfaulheit der Eingeborenen. Sie versuchten es ein paar Jahre, beschwerten sich, dass sie nicht dazugehörten, bis ihnen irgendwann dämmerte, dass sie deshalb niemals dazugehören würden, weil es hier so etwas wie Zugehörigkeit und Gemeinschaft nicht mehr gab. Auch mit Biomilch und Kulturzentren ließen sie sich nicht erkaufen. Dies war kein Ort zum Sterben. Aber auch keiner zum Leben. Jeder machte seins. Die Beatmungsgeräte gehörten abgestellt. Fortschritt der Medizin. Würde sie wollen, dass man sie künstlich am Leben hielt? Wie ihre Mutter, nachdem man ihr die Gebärmutter samt Eierstöcken entnommen hatte. Vorsorglich. Aber da war nichts mehr mit Vorsorge. Geräusche wie ein Zimmerspringbrunnen. Gurgelnde Maschinen. Fiepende Monitore. Alle Viertelstunde wurde der Puls gemessen. Die Scheiße lief direkt in den Beutel. Das war praktisch. Händestreicheln wie im Fernsehen. Irgendwas musste man ja tun. Vielleicht sollte sie auch mal so einen Wisch unterschreiben, so eine Willenserklärung. Wie hieß das noch gleich? Der Bus bog von der Hauptstraße ab und fuhr die Schlaufe durch die drei Dörfer. An einem Plattenweg aufgereihte Perlen. Aber alles andere als Schmuckstücke. Entgegenkommende Autos wurden in Straßenbuchten gezwungen. Ja, richtig: Patientenverfügung. Sowas würde sie machen. Hätte sie schon längst tun sollen. Man konnte nie wissen. In ihrem Alter. Nichts war sicher. Sicher war nichts.

Eigenartig, diese kleine Mulde in Erikas Nacken zwischen den abfallenden Schultern. Das unordentliche Haar. Wirbelhöcker über der hängenden Kapuze. Knochen unter heller Haut. Darauf das feine Gespinst der Blätterschatten: Feine Striemen wechselten sich mit kräuselnden Wolken ab. Jetzt erhob sie sich. Warum stand sie auf? Richtig, der Bus hielt ja.

Es war das letzte der drei Gehöfte, ein paar Häuser am Waldrand. Immerhin alle bewohnt. Zumindest sah es so aus. Hühner hinterm Bretterzaun. Vorsicht, bissiger Hund. In welchem sie wohl wohnte? Hatte sie Geschwister? War sie von hier? Sie war die Einzige, die ausstieg. Ganz langsam ging sie die Straße hinunter. Der Rucksack hing auf einer Schulter. Haltungsschäden vorprogrammiert. Und schon fuhr der Bus weiter. Eine Kurve. Sie war nicht mehr zu sehen.

Auf der Fensterscheibe krabbelte ein junges Heupferd, das seine grün leuchtenden Flügel ausbreitete. Hin und her, auf der Suche nach einem Ausweg.

Sie war seit Jahren nicht mehr mit dem Schulbus gefahren. Von hier oben sah alles anders aus, fast schön: Die Linden der Allee, die sich von ausgefransten Asphalträndern zur Straßenmitte neigten. Brachen mit Maulwurfhügeln. Verrohrte Gräben, Baumkronen voller Mistelnester. Auf den Feuchtwiesen graue Birken, die das letzte Hochwasser nicht überlebt hatten. Löchriger Maschendraht vor ausgehöhlten Stallungen und Wellblechschuppen. Ein schrankenloser Bahnübergang, frisches Gleisbett für alte Schienen. Auf einer Weide standen Holsteinrinder in schwarzer aufgewühlter Erde. In der Ferne glänzten Silos. Ein paar Möwen hielten den Acker für das Meer. Ab und an führte ein geteerter Weg zu einem abgelegenen Gehöft über fruchtwechselnde Felder. Pfützen in wulstigen Traktorspuren, Berge aus Autoreifen, alte Jauchegruben, verwahrloste Halden. Eine unaufgeräumte Landschaft, maschinell bearbeitet, ein Mosaik der Monokulturen. Bodenlockerung. Wasserregulierung. Nährstoffzufuhr. Futterpflanzen und Nutztiere. Zuchterfolge und Pflanzenbau. Die verordnete Vergesellschaftung der Organismen zur Steigerung des

Ertragswertes. Es gab keine Natur mehr. Die Landschaft war längst kultiviert. Die hochgeschossenen Pappeln am Dorfsportplatz. Der Teich mit Buchsbäumen. Kopfsteinpflaster. Willkommen zuhaus. Der Bus hielt.

Vorm Wartehäuschen wie gewöhnlich ein paar Halbwüchsige, die ihre Zeit totschlugen. Pöbeln, Rauchen, Saufen. Kein Wunder, dass es keiner von denen aufs Darwin geschafft hatte. In ihren Unterricht. Der Asphalt voller Spuckepfützchen. Jungs in diesem Alter hatten offenbar eine besondere Beziehung zu ihrem Speichel. Hauptsache Körpersaft.

In der Kaufhalle saß neuerdings ein Umzugsunternehmen. *Deutschlandweit!* Das Wort stand in Klebebuchstaben an der Schaufensterscheibe. Mit Ausrufezeichen. Auf dem Parkplatz die leuchtgelben Lastwagen, jeder so groß, dass ein ganzer Hausstand hineinpasste. Ein Leben in einem Lastwagen. Heute konnte man problemlos alles mitnehmen. Aber wohin? Sie würde hierbleiben.

Hinter Maschendraht das Grundstück, auf dem früher das Gutshaus gestanden hatte, und die Scheune, die abbrannte, genau ein Jahr nachdem ein Hautarzt aus dem Sauerland sie teuer saniert hatte. Am Sportplatz die kleine Bühne für Feierlichkeiten und Siegerehrungen. Rote Fahnen. Fliedergeruch. Bockwurst und Bier. Die Bürgermeisterin, die eine Ansprache hielt. Ihr riesiger Busen hinter der Urkunde. Fester Händedruck. Bei dem Vorbau war eine Umarmung sowieso nicht möglich. Der starke Nachwuchs. Kinder wie Heu. Fußballspiel und Brigade-Abend. Ein paar Orden für die Erwachsenen, ein paar Abzeichen für die Kinder. Verdiente Aktivisten der Arbeit. Die goldene Hausnummer für eine frisch gekalkte Fassade. Alle raus zum Ersten Mai! Einen Winter lang hatte Claudia mit der Tochter der Bürgermeisterin gespielt, einem blassen, stillen Mädchen. Bis Claudia ihr beim Iglubau mit einem Eisbrocken den Mittelhandknochen zertrümmerte. Im Schlafzimmer hingen lauter Fotos von großbusigen Frauen, hatte Claudia berichtet. Eigentlich erstaunlich, dass sie ihr sowas überhaupt erzählt hatte! Der Ehemann der Bürgermeisterin war ein Trockenwerksfahrer, ein Schrank von einem Mann. Dass die Bürgermeisterin gleich mit dem Röntgenbild anrücken musste. Dabei war die Hand nur angebrochen. Sowas konnte beim Spielen schon mal vorkommen. Damals wohnten sie noch in dem Neubau. Zweieinhalb Zimmer mit Ofenheizung. Und da, neben der kleinen Bühne, hatte doch die Sirene gestanden. Einmal in der Woche ging sie los, kurz nach dem Mittagsschlaf. Trotz Gewöhnung immer wieder ein Schock. Das lang gezogene Jaulen. Jeden Sonnabend um zwei. Jedes Mal das Erschrecken und das ungute Gefühl, dass Frieden herrsche. Frieden, der nicht selbstverständlich war. Angesichts eines Krieges, einer Gefahr, die immer wieder beschworen wurde. Und dann war es doch nur eine Übung. Für den Fall der Fälle. Bist du etwa nicht für den Frieden? Irgendwann in den Neunzigern war sie abmontiert worden. Und das Gefühl verschwunden, da zu sein: hier und jetzt. Am Leben. Wieder eine Woche rum.

Das Dorf hatte sich aufgeteilt. Die Verbliebenen besetzten den Kern, die Zugezogenen siedelten am Feldrand. Dort stand auch ihr Haus. Es verdiente kaum die Bezeichnung. Das Geld hatte nur für eine Pappschachtel gereicht, die ein Bulldozer und ein Traktor in ein paar Tagen aus Einzelteilen zusammengesetzt hatten. Merkwürdig: Erst wartete man sein Leben lang auf einen Telefonanschluss. Und dann stand da in drei Tagen ein Haus. Die Wände waren dünn. Wenn jemand die Treppe runterging, schepperte es im Keller. Immerhin hatten sie freie Sicht aufs Feld. Die Fassade von Efeu bedeckt. Das Versteck einer Spatzenkolonie. Man brauchte nur in die Hände zu klatschen, und schon schossen sie heraus.

Rief jemand nach ihr?

Natürlich, Hans. Der witterte immer sofort Besuch. Und Besuch war für ihn ja schon, wenn jemand an seinem Zaun vorüberging. Gerade stieg er aus dem Gewächshaus, das er aus ausrangierten Holzfenstern zusammengezimmert hatte. In den Händen ein Tomatenzweig. Schlurfender Gang. Wie immer alle Zeit der Welt.

»Auto kaputt?«

Blitzmerker.

»Ja, ja. Die Batterie.«

Er winkte ab. »Kenn ich, kenn ich. Hatte ja auch mal eins. Aber da kamen noch ein paar Dinge dazu. Totalschaden, haben sie gesagt. Aber nach Totalschaden sah das wirklich nicht aus. Diese Hunde. Sagen einfach Totalschaden. Und Schluss aus. Dabei war das ein feiner Wagen, ein richtiges Goldstück.«

Auf dem abgeernteten Feld hinter seinem Garten die verstreuten Strohballen. Tief durchhängende Stromleitungen unter dem weiten Himmel. Das letzte Mal hatte er das mit dem Auto erzählt, als sich der Sohn von Thiele totgefahren hatte. Siebzehn Jahre. Keinen Führerschein. Zweihundert Sachen. Das wünscht man keiner Mutter. Aber getaugt hatte der Bengel nichts.

Sie kannte alle seine Geschichten. Darum ging es nicht. Einmal am Tag mit Hans reden war eine gute Tat. So konnte er sich einbilden, dass es ihn noch gab. Dass sie nur dastand, weil er eine arme Sau war, störte ihn nicht. Die arme Sau war sein Kapital. Er jagte sie über den Hof, wann es nur ging. Und jetzt war die Gelegenheit, der Höhepunkt seines Tages.

»Wusstest du, dass Wildbienen fleißiger als Honigbienen sind? Weil sie nicht in Staaten leben, sondern allein. Oder in lockeren Wohngemeinschaften.«

Was wollte er denn damit sagen?

»Aber die sterben ja alle, die Bienen. Dir brauche ich ja nicht zu sagen, was das heißt. Wenn die Bienen sterben, haben die Menschen noch vier Jahre.«

Immer dieser Weltverschwörerblick.

»Wo hast du das denn wieder her?«

Er hielt den Kopf schief. »Ich lese Zeitung, ich höre Radio. Immerhin: Ich vergammle nicht.«

Als wäre das schon eine Leistung. Obwohl: Das war tatsächlich eine Leistung. Was für eine zermürbende Anstrengung musste das sein. Ohne Funktion am Leben bleiben. Nutzloses Dasein. Auf Kosten anderer. Das gab es auch nur bei den Menschen.

»Ich nehme die Außenwelt durch die Membran der Medien wahr.« Er hob seine Hand zum Ohr und horchte. An seinem Wohnzimmerfenster hingen zwei Außenthermometer. Sicherheitshalber. Wenigstens über die Temperatur wollte er die Kontrolle behalten. Mit seiner rot getigerten Katze ging er abends auf dem Feld spazieren. Manchmal sagte er: Elisabeth und ich ... Elisabeth und er.

Er war mit einer Ukrainerin verheiratet, die längst über alle Berge war. Für Geld, das er längst verschleudert hatte. Er redete nie von ihr. Er dachte wahrscheinlich nicht einmal mehr an sie. Einmal war er stockbesoffen mit einer Gummipuppe durchs Dorf gelaufen. Keine Kinder. Tiere fanden sich ja wenigstens vorübergehend zur Paarung zusammen. Temporäre Brutgemeinschaften. Er hatte sich verspekuliert. Er verspekulierte sich immer. Aber er konnte nicht damit aufhören. Warum auch. Willst du nicht investieren? Ich meine, fünftausend Euro, das ist doch nichts. Schlag zu! Er war einfach da, saß in seinem Lehmhäuschen, dem einzigen massiven Haus in dieser Siedlung, einer Höhle, die eher an eine Garage als an eine Wohnung erinnerte. Ein Hobbykeller mit Werkbänken und selbstgemalten Bildern. Er war draußen. Für immer. Er würde nie mehr einen Fuß in die Tür bekommen.

Elisabeth kam, strich um seine Waden und setzte sich auf seine Füße. An dieser Katze war ein Hund verlorengegangen.

»Und ich stelle keinen Blödsinn an.« Unterlassung als Verdienst. Wie ehrbar. Nun war es aber gut. Sie wollte gehen.

»Warte mal.«

Er bückte sich, streichelte die Katze und hob etwas auf.

Ein einzelne rostige Schraube. Er wog sie kurz, warf sie in die Luft, fing sie wieder auf und öffnete seine Hand.

»Ah, siehst du, die kann man noch mal gebrauchen.« Er steckte sie in die Tasche seiner verbeulten Jeans. Er war vergnügt. Sein Tag war gerettet. Er hatte einen guten Fang gemacht, den er in seinen Bau schleppen würde, zu all den anderen Dingen, die man irgendwann noch einmal gebrauchen konnte. In sein Reservelager. Ein Reserveleben. Hans im Glück. Arme Sau.

»Einen schönen Tag noch, Hans.«

Er hatte seine Ration bekommen.

»Ich mag das, wenn du meinen Namen sagst. Das tut gut. Passiert nicht oft.« Er kniff die Augen zusammen. »Weißt du, es redet ja keiner mit einem. Es wird ja einfach nicht mehr miteinander geredet.«

Er meinte natürlich sich selbst. Er konnte es nicht lassen. Nahm die ganze Hand, wenn man ihm den kleinen Finger reichte. Nun aber wirklich.

Sie ließ ihn stehen. Das war er gewöhnt.

Wieder diese Müdigkeit. Sie würde sich einen Kaffee machen. Wolfgang war noch bei seinen Straußen. Bis er nach Haus kam, blieb noch Zeit. Elisabeth strich durch den Garten. In der Ferne die rot-weißen Flügel der Windräder und der blinkende Funkturm.

Der Betreff der Mail hatte zwei Wörter. Das Herz, den pulsierenden Muskel, spürte sie plötzlich bis in den Hals: Just married. Diese Worte verstand selbst Inge Lohmark, obwohl sie kein Englisch konnte. Just also. Sie klickte auf die unterstrichene Zeile. Da war das Foto. Ein grinsendes Paar, beide in Weiß. Zwei Fremde. *Steven* stand da. *Steven and Claudia.* Darunter verschlungene Ringe und zwei schnäbelnde Tauben. Glückwunschkartenvögel. Friedensverkünder unterm Regenbogen. Dabei waren die doch bekannt dafür, sich gerne zu hacken. Nur eine abartige Inzuchtzüchtung hatte ihnen diese Unschuldsmiene verpasst.

Sie lehnte sich zurück. Auf dem Tisch lag der Stapel mit Unterrichtsmaterialien, ganz oben der Sitzplan der Klasse Neun. Wie unordentlich er aussah. Diese vielen, verschiedenen Handschriften. Schwer zu lesen. Manche waren kaum zu entziffern. Sie würde ihn noch einmal abschreiben. Und da unten am Rand. Das war doch der Platz für das Lehrerpult.

Da müsste sie ihren Namen hineinschreiben. Die Lider waren jetzt schwer, die Augen fielen ihr zu, aber da waren überall Fussel, die auf der Bildfläche hin- und herschwammen, nicht aufhörten, zuckend abzudriften und wieder aufzutauchen. Der Mund trocken, der Hals ganz eng. Inge Lohmark hatte das Gefühl, einen Bonbon zu verschlucken.

Vererbungsvorgänge

Die Kraniche waren immer noch da. Auf dem Feld hinterm Haus, wo der Acker zu einer weiten Mulde abfiel. Seit Wochen versammelten sie sich dort, ästen auf den Stoppelfeldern und schliefen auf ihren gestelzten Beinen im knöcheltiefen Wasser der nahen Sölle. In der Morgendämmerung eine Ansammlung grauer Punkte, die sich hin und her bewegten, und nur allmählich gewannen die Tiere vor der dunklen Landschaft Kontur. Eine staksende Schar, die täglich größer geworden war. Lauter Vögel, die sich nicht kannten, ein anonymer Verband, den ein gemeinsames Ziel zusammenhielt: die Küsten Andalusiens und Nordafrikas. Die Nachhut des westeuropäischen Zugs ans Mittelmeer. Die Luft war bitter und feucht. Auf dem Fensterbrett lag schon Raureif. Noch nie waren sie so lange hiergeblieben. Schon Mitte November. Sie wirkten unruhig, schienen auf irgendetwas zu warten. War es die Zugunruhe? Würden sie endlich aufbrechen? Ihre ausgefransten Flügel ausbreiten und sich mit trompetenartigem Geschrei in die Luft erheben? Mit durchgedrückten Beinen und gestreckten Hälsen am Himmel eine ungleichmäßige Phalanx bilden. Ein krummer Pfeil nach Süden. Es blieb ein Rätsel, wie sie sich orientierten. An der Sonne? Den Sternen? An magnetischen Feldern? Hatten sie einen inneren Kompass?

Inge Lohmarks Atem stieg wie Dampf auf. Es war kalt. Bestimmt unter null. Worauf warteten sie denn? Wie gut es sein

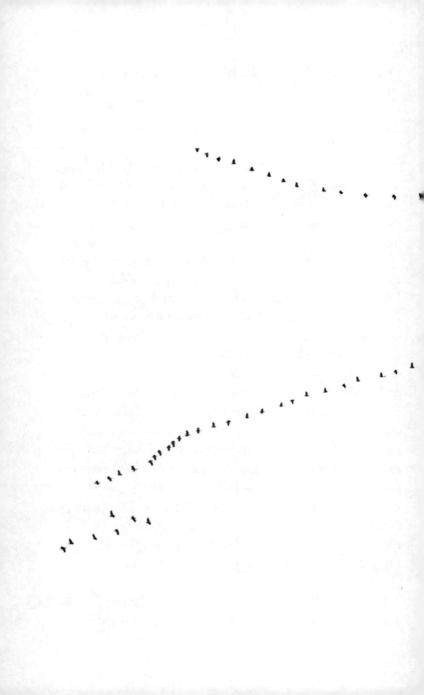

musste, einem Trieb zu folgen. Ohne Sinn und Verstand. Sie schloss das Fenster.

Wie immer war Wolfgang schon bei seinen Straußen und hatte einen halb gedeckten Frühstückstisch hinterlassen. Ein paar Krümel verrieten den Platz seiner Nahrungsaufnahme. Auf ihrem Stuhl lag ein Knäuel. Ein zusammengeknüllter grüner Overall, ein Unterhemd, blaue Sportsocken. Seine Art, um frische Wäsche zu bitten. Es musste unbedingt wieder ein grüner Overall sein, weil die Hirne dieser Vögel zu klein waren, um sich Gesichter zu merken. In einer anderen Farbe würden sie ihn nicht wiedererkennen. Aber das durfte man nicht sagen. Er würde das niemals zugeben. Für Wolfgang waren es die klügsten Tiere überhaupt. Er war geradezu verliebt in sie. In ihre von Natur aus getuschten Wimpern, in den schlingernden Gang. Und weil sie total auf ihn fixiert waren. Jedenfalls solange er einen grünen Overall anhatte. Vollkommene Fehlprägung. Das ging so weit, dass sich seine Hennen nur noch decken ließen, wenn er daneben stand. Dem Zuchthahn gefiel das gar nicht. Jedes Mal plusterte er sich auf und ging fauchend auf ihn los. Drohgebärde des Befruchters. Ein Hahn, der während der Brutzeit sein Revier verteidigt, war genauso gefährlich wie ein Bulle, der seine Kühe bewacht.

Dass Wolfgang immer dachte, es ginge nicht ohne ihn. Nur, weil er früher jede Kuh eigenhändig besamt hatte. Eine gewisse Dominanz steigerte ja die Empfängnisbereitschaft. Und die Begattung war nun einmal eine Kampfhandlung. Bei den meisten Wirbeltierarten wurde der Geschlechtsakt von entsetzlichen Lauten begleitet. Man brauchte nur an das erbärmliche Geschrei der Katzen zu denken.

Einmal war Wolfgang nicht schnell genug gewesen, und die

zwei knorpeligen Zehen eines Lauffußes hatten ihn an der Brust getroffen. Es hatte sogar in der Zeitung gestanden.

Wieder hatte er das Gemüsefach im Kühlschrank mit den kokosnussgroßen Straußeneiern vollgestopft. Wer sollte die denn essen? Die größten tierischen Zellen überhaupt. Ein Omelett für eine ganze Schulklasse. Kein Wunder, dass diese Tiere eigentlich dort lebten, wo es noch hundertköpfige Sippschaften gab. Aber für sie beide? Da war schon eines mehr als zu viel. Und so ein Ei hielt sich ja nicht. Gemeinsame Mahlzeiten waren sowieso selten geworden. Sie aß mittags in der Schule bei Tante Anita, er in der kleinen Küchenbaracke, in der er auch das Futter für die Tiere zubereitete. Oft kamen interessierte Besucher. Und alle paar Wochen jemand von der Ostsee-Zeitung, dem er stundenlang was über Straußenzucht erzählte. Dass die Hälse der Hähne nach der Paarungszeit ihre Rötung verloren. Dass ein Strauß klagend trillerte, wenn er sich vernachlässigt fühlte. Dass die Jungstrauße einen Zentimeter pro Tag wuchsen. Wie wichtig es war, schon den Küken kleine runde Steine unters Futter zu mischen, mit deren Hilfe sie das kurze Schnittgras in ihrem robusten Muskelmagen zermalmten. Und dass es ein paar Restaurants in Berlin gab, die gut für Straußenfleisch zahlten. Vor allem die Schenkel waren gefragt. Angeblich das gesündeste Fleisch überhaupt. Mager und cholesterinarm. Er behauptete ja immer, es schmecke wie Rind, aber auf die Idee konnte man nur kommen, weil es auch dunkel war. Visueller Reiz schlägt gustatorischen. Trotzdem stand es in jedem Artikel. Wolfgang Lohmark war der Held der Regionalbeilage. Schließlich gehörte er zu denen, die es noch einmal geschafft hatten. Vom ehemaligen Veterinärtechniker der niedergegangenen Tierproduktion zum Freizeitbauern, der exotische Tiere dickfütterte, von denen man tolle Fotos machen konnte: Gestreifte Straußenküken unter der Rotlichtlampe. Strauße im Trab, Strauße beim Balztanz, Strauße im Schnee. Dazu die Überschriften: *Riesenvögel in der vorpommerschen Steppe. Brutstimmung auf Straußenfarm. Dieses Ei reicht für fünfundzwanzig Personen. Aggressiver Hahn attackiert Straußenfarmer.*

Er hatte alle Artikel ausgeschnitten und gerahmt. Sie hingen in seinem Keller. Im Wohnzimmer hatten die nichts zu suchen. Die Strauße gehörten schließlich nicht zur Familie.

Beim Zähneputzen schaute sie noch einmal nach den Kranichen. Auch die letzten Vögel hatten ihre feuchten Schlafplätze verlassen und brachten nun schüttelnd das Gefieder in Ordnung, streckten die Hälse, prüften den Wind und die Temperatur. Jetzt konnte man sogar die schwarzen Beine erkennen, auf denen sie leicht und würdevoll das Feld abschritten. Kein Vergleich zum Straußengewackel. Hier waren sie Stelzvögel, im Winterquartier Strandvögel. Ein Doppelleben. Maximal drei Tage noch, dann waren sie weg. Die Rechnung war einfach. Jede Verhaltensweise erforderte einen bestimmten Aufwand an Zeit und Energie. Und der Aufwand lohnte sich nur, wenn der zu erwartende Nutzen größer war als die Investition. Immer ging es um Effektivität. Bei allem. Bestimmt war es schön dort, wo sie hinflogen. Das Mittelmeer. Wie spät war es denn? Sie musste los.

An der Haltestelle stand Marie Schlichter. Schwaches Nicken. Kopf im Nacken. Nase hoch. Hoch zu Roß. Das Gehirn war eine Fallfrucht, ideal verpackt in der Schädelschale. Arzttochter. Zugezogen, um Landluft zu schnuppern. Aber Marie Schlichter schnupperte nicht. Atmete sie überhaupt? Wie genervt sie tat. Eine Zumutung das alles. Jugend als Inkubationszeit des Lebens. Warten auf den Schulbus. Warten auf den Führerschein. Darauf, dass sie wieder wegziehen konnte. Die eitle Überzeugung, dass das Beste noch kommen würde. Wenn sie sich da mal nicht irrte. Aber wenigstens hielt sie den Mund.

Der Bus war pünktlich und wie immer fast leer. Alle hatten ihre angestammten Plätze. Marie Schlichter nach vorn. Inge Lohmark in die vorletzte Reihe. Dort war der Dieselmotor am lautesten und übertönte den Lärm, der spätestens fünf Haltestellen weiter ohrenbetäubend sein würde. Sie hatte die ganze Sitzordnung durcheinandergebracht. Paul und seine Freunde von der letzten Bank vertrieben. Jetzt fläzte sich die Meute aus Halbstarken und Spätzündern im Mittelfeld. Natürlich hatte es neugierige Blicke gegeben. Hatten sich alle gewundert, warum sie jetzt jeden Tag mit ihnen im Bus übers Land kutschierte. Aber es sprach vieles dafür, nicht selber zu fahren. Allein die Unfallgefahr. Die vielen Idioten, denen ihr Leben nichts wert war. Ganz zu schweigen vom Wild, all den Rehen und Wildschweinen, die in der Morgendämmerung mit glasigen Augen in das Scheinwerferlicht herannahender Fahrzeuge starrten und sich nicht vom Fleck rührten. Und dann musste man ja draufhalten, sonst zahlte die Versicherung nicht. Die ganze Gegend war nichts als ein einziges, riesiges Wildwechselgebiet. Überall Hochstände. Bretterbuden auf hohen Stelzen, zu denen steile Leitern führten. Baumhäuser für Erwachsene. Schließlich ist sie früher auch immer mit dem Bus gefahren. Zur Schule und in die Bezirksstadt. Und im Herbst oft mit Wolfgang hoch in den Norden, zu den Kranichen. Erst mit dem Bus, dann mit dem Zug. Dann noch mal mit dem Bus. Endlose Wanderungen, herbstbunte Flure. Mit Thermoskanne und Stullen. Bis sie endlich den Sammelplatz der Kolonie entdeckten, auf einen Hochstand kletterten und einfach nur nebeneinander saßen und die Kraniche beobachteten. Stundenlang. Das hatte ihr an ihm gefallen. Dass sie nicht reden mussten. Und er schien auch froh darüber gewesen zu sein. Seine erste Frau hatte ja immer nur geredet, den lieben langen Tag den Rand nicht halten können. Und Klaus, mit dem sie vorher zusammengewesen war, hatte immer diskutieren wollen. Politisches. Über die Regierung und die Zukunft. Er redete sich immer mehr in Rage, und sie wurde immer müder. Und irgendwann hatte sie Kopfschmerzen und Klaus so einen roten Kopf wie die Männer in den Perlonanzügen mit Nelke im Knopfloch, wenn sie auf irgendeiner Bühne unter den Zukunftsbannern über eine Welt sprachen, die sie sich ausgedacht hatten: Mit tüchtigen Werktätigen, erfüllten Plänen und verbesserten Produktionsmitteln. *Wie wir heute arbeiten, werden wir morgen leben.* Man wußte nie, ob das eine Drohung oder ein Versprechen sein sollte. Vielleicht beides. Irgendwann hatte Klaus ernst gemacht. Aber da waren sie längst nicht mehr zusammen. Befragt wurde sie trotzdem. Dreieinhalb Stunden. Sie kannte das ja. Akkurat rasierte Herren. Elegante Anzüge. Nicht so ein Perlonzeug. Die saßen erst ganz brav da. Kaffee und Kuchen. Und dann wollten sie einfach nicht mehr gehen. Sie brauchte sich nichts vorzuwerfen. Andere hatten auch unterschrieben. Und geschadet hatten die paar Berichte niemandem. Dass das jetzt so breitgetreten wurde. Selbst Kattner sie darauf ansprechen musste.

Dabei war der selbst nicht ganz sauber. Holte seit Wochen jeden Kollegen einzeln in sein Büro, und danach durfte keiner was erzählen. Hans meinte mal, dass sich früher wenigstens die Stasi für ihn interessiert hätte. Wenn er besonders einsam war, las er seine Akte. Tröstete sich damit, wie wichtig er einmal gewesen war. Zumindest für ein paar Zuträger und ihren Führungsoffizier. Was stand da schon drin? Kaum Möbel, kein Damenbesuch. Dass er asozial war. *Im Wohnungsgrundstück wurde H.G. von den Mietern als arbeitsscheue Person eingeschätzt. Der Ermittelte besitzt kein Kraftfahrzeug, aber ein Fahrrad, das er beinahe täglich benutzt. Zudem ist er sehr gesprächig.* Heute konnte man ja machen, was man wollte. Nur interessierte es eben auch niemanden.

Jennifer stieg ein und zog Kevin hinter sich her. Bis zur letzten Bank. Die war nach Pauls Rückzug zum Testgebiet für pubertäre Anpaarungen geworden. Jennifer hatte die Initiative ergriffen, kurz nachdem Kevin mit einem Bullenring in der Nase zur Schule gekommen war. Glänzendes Metall mitten im Gesicht. Sowas legte man Kälbern an, um sie vom Säugen abzuhalten, und Bullen, um sie an der Führstange halten zu können. Dass dieses Miteinandergehen so wörtlich genommen wurde. Dabei brauchte Jennifer gar keine Führstange. Dieser kleine Bulle war zahm.

Beschlagene Scheiben. Kondensiertes Wasser. Eine Affenhitze. Sie wischte sich ein Sichtfenster. Draußen sah es aus, als ob es gar nicht hell werden wollte. Dumpfer Himmel über bleichen Feldern. Falbe Stengel vom abgeernteten Mais im gepflügten Ackerboden. Grün gesprenkelte Erde. Eine ärmlich keimende Zwischenfrucht zum Wohle der Dreifelderwirtschaft. Markstammkohl. Hackfrucht auf Kornfrucht, Rüben nach Getreide. Aufgewühlte Erdlöcher auf leerem Weideland. Nur ein schmaler, schwach glimmender Streifen Licht hing über dem blassblauen Wald in der Ferne.

Vorbeiziehende Bäume, die rissigen Stämme der kahlen Linden. Verglaste Wartehäuschen. Die Scheiben von der Nachtkälte beschlagen, mit Plakatfetzen beklebt, von der zuständigen Dorfjugend zerschmettert. Gelbe Pfähle mit dem aufgespießten H, Haltezeichen an Asphaltbuchten und zugewachsenen Bordsteinen. Und überall schulpflichtige Kinder, vereinzelt oder in kleinen Gruppen. Wie Milchflaschen wurden sie eingesammelt. Milchflaschen am Fahrbahnrand. Schulmilch gab es ja auch nicht mehr. Keinen Milchdienst, der die abgezählten Pfennige wöchentlich kassierte. Vanille, Erdbeer und Normal zwanzig, Schoko fünfundzwanzig Pfennige. Im Winter die Eisklumpen in den Milchkästen. Kalkowski schob sie vor die Heizungskörper. Es dauerte bis zur großen Pause, bis die Milch aufgetaut war. Calcium für die Kinderknochen. Und Fluor fürs Gebiss. Tabletten im Kindergarten. Heute hätte man die Polizei am Hals, wenn man den Kindern Tabletten gäbe. Die Busfahrt dauerte ewig. Eine Dreiviertelstunde. Das lag nicht mal an den vielen Haltestellen, sondern an den abenteuerlichen Umwegen. Das grundsätzliche Abwägen zwischen Aufwand und Nutzen galt hier nicht. In jede Sackgasse wurde eingebogen. Überall angehalten. Alle mussten mit.

Auch die Horde Fünft- und Sechstklässler war jetzt beinahe vollzählig. Warum sie die auch noch mitnahmen? Dass die keinen eigenen Bus hatten. Wenn sie alle bei einem Unfall sterben würden, könnten sie die Regionalschulen auch gleich noch dichtmachen. Dann wäre wenigstens Ruhe. Dieses Geschrei. Kaum die Milchzähne verloren, schon die große Klappe. Um die Hälse baumelnde Schlüssel, Handytaschen und Zahnspangendosen. Ihre überdimensionierten Ranzen nahmen ganze Sitzplätze ein. Und sie selbst zwängten sich daneben auf die Kante. Mit den Schuhen auf den Sitzen. Aber bei diesem Muster war der Dreck sowieso nicht zu sehen. Dagegen die Älteren wie lebende Tote. Dieses jugendliche Schlurfen durch den Gang. Die Rucksäcke, die jeden Moment von den hängenden Schultern abrutschen würden. Schlaf in den Augen. Ponys, die kurz über der Nasenwurzel aufhörten. Oder gar keine Haare. Kampffrisuren. Und rot gefrorene Ohren unter Baseballkappen. Offene Jungsmünder. Zähnezeigen zwischen Grinsen und Drohen. Zusammengesteckte Köpfe. Großes Hin und Her. Voller Betrieb.

Dieses unruhige Mädchen vor ihr. Dünne fisselige Haare. Eine violette Schmetterlingsspange, die immer wieder über die Lehne hüpfte. Fellbesetzte Kapuze. Falscher Pelz. Gab es überhaupt violette Schmetterlinge? Bestimmt im Regenwald. Die Artenvielfalt war ja riesig. Eine beinahe unerträgliche Mannigfaltigkeit. Seltsames Getier. Nach jeder Expedition immer neue Arten, Unterarten und Varietäten. Durch Isolation fertil gewordene Bastarde. Ordnung war nicht da. Ordnung musste geschaffen werden. Man kam gar nicht hinterher. Nächtliche Fernsehsendungen. Farbflecke im Dschungel. Sie hatte in ihrem ganzen Leben noch keinen Eisvogel gesehen. Ein Ding der Unmöglichkeit. In all den Jahren. Aber einen Schwarzstorch und zweimal einen Pirol. Den gelben Wundervogel. Da war sie noch klein. Zusammen mit ihrem Vater. Jetzt kam ein Mädchen angewackelt. Groß, unförmig. Und ungekämmt. Pausbacken wie ein Hinterteil. Fettbrüstchen, die durch den Mantelstoff drückten. Höchstens zwölf. Aber alles schon da. Alles schon vorbei. Sie stoppte bei dem Mädchen mit der Spange. Baute sich auf.

»Du sollst nach vorne kommen! Zu Juliane!« Das war ein Befehl, keine Information. Juliane schien ihre Handlangerinnen gut im Griff zu haben. Der Schmetterling machte sich sofort auf den Weg.

Die Hackordnung war prächtig ausgebildet. Könige und Fußvolk. Arbeitsbienen, die den Nektar umrühren. In keiner anderen Altersgruppe war die Hierarchie so streng. Ein Aufsteigen zwischen den Rängen so gut wie unmöglich. Einmal Außenseiter, immer Opfer. Und Einpeitscher fanden sich immer. Haareziehen. Ausgedrückte Hagebutten in den Kragen. Auflauern auf dem Nachhauseweg. Geklaute Turnbeutel. Kloppe auf dem Klo. Hose runter. Futter für das Wir-Gefühl. Auch Ellen wurde gerade von irgendjemandem in den Schwitzkasten genommen. Wirklich gefährlich sah es nicht aus. Jedenfalls wehrte sie sich noch. Sollte sie sich selbst helfen. Das würde sich schon regulieren.

Wieder hielt der Bus. Der neueste Zugang war Saskia. Wie immer ging sie ganz bis nach hinten durch. Beugte sich runter zu Jennifer. Drei Wangenküsse, aber sonst kein Wort. Die Haare wie ein Vorhang. Armreifengeklimper. Eine gestreckte Hand Richtung Kevin. Dann warf sie sich in die Sitzbank, installierte die riesigen Kopfhörer und drehte die Lautstärke ein paar Dezibel weiter auf. Lieber taub als einsam. Kurz hatte sie sich mal um Paul bemüht, um Jennifer einzuholen. Aber den hatte das Wechselspiel aus Zuwendung und Ablehnung komplett überfordert. Wettbewerb verloren. Anschluss verpasst.

In der letzten Bank Schweigen. Jennifer und Kevin hatten Langeweile.

»Liebst du mich?« Jennifers Kinderstimme.

»Klar.« Wie erwachsen er klang.

»Sag meine Handynummer.«

»Was?«

»Meine Handynummer. Die wirst du ja wohl auswendig können.« Weibliche Logik.

»Wieso? Ist doch eingespeichert.«

»Los, mach schon.«

»Null ... eins ... ähm ... sieben ...«

»Weiter.«

Er kam nicht weiter. Sie half ihm auf die Sprünge. Dann ließ sie sich wohl küssen. Jedenfalls war nichts mehr zu hören. Es war widerlich. Aber was sollten sie auch reden? Zu sagen gab es nichts. Man redete sowieso zu viel. Dass Wolfgang und sie nicht mehr miteinander sprachen, fiel gar nicht auf, wenn man sich tagelang nicht sah. Was sollte all das Kuscheln? Man blieb ohnehin nur deshalb zusammen, weil die Aufzucht der Jungen unendlich aufwändig war. Auf eine Stärkung der Paarbildung waren sie nicht mehr angewiesen. Das Kind war aus dem Haus. Der Fall erledigt. Was hätten sie auch machen sollen? Eine Glückwunschpostkarte schreiben? Sie hatten sich mal gut verstanden. Jetzt machte jeder seins und gut. Er hatte Arbeit. Sie hatten sich arrangiert. Waren perfekt eingespielt. Irgendwann hatte man alles durch. Sollte sie tatsächlich früher in Rente gehen, würde er ihr nicht auf der Tasche liegen. Einmal hatte er zu ihr gesagt, er möge Frauen aus der zweiten Reihe. Noch vor der Hochzeit. Die große Liebe war es nie gewesen. Das hatten sie nicht nötig gehabt. Dass er mit Tieren gut konnte, hatte ihr immer an ihm gefallen. Was war das schon, Liebe? Ein scheinbar wasserdichtes Alibi für kranke Symbiosen. Joachim und Astrid zum Beispiel. Keine Kinder. Es hatte nicht geklappt. Und als es für alles zu spät war, beschuldigte einer den anderen, dass es an ihm lag. Gemeinsame Spaziergänge in Zweiergruppen. Vorne die Männer, hinten die Frauen. Joachims kahler Kopf neben Wolfgangs krauser Mähne. Astrids nervenschwache Stimme. Schiedsrichtereien. Findest du nicht auch? Nein, fand sie nicht. Was ging sie fremdes Elend an? Sie waren jämmerlich, nicht bemitleidenswert. Sie schlugen sich halb tot, stellten einander nach, und einer drohte dem anderen mit Selbstmord. Fasching im Kulturhaus. Eine Kapelle aus Sachsen. Vier langhaarige Typen. Partnertausch beim Tanzen. Viel Goldbrand. Frühmorgens Dramen in der Milchbar am Markt. Es gab keinen Zweifel, dass sie zusammengehörten. Ein äußerst wirksames Gemisch aus Symbiose und Parasitismus. Siamesische Zwillinge. Wenn einer krepierte, würde der andere auch draufgehen. Irgendwann waren sie weggezogen. Nach Berlin. Wegen der Kultur. Es war auch nicht mehr mitanzusehen.

Jetzt bog der Bus in die Sackgasse ein, an deren Ende Erika stand, wenn sie nicht krank war. Dann hätten sie diesen vier Kilometer langen Umweg durch den Wald völlig umsonst gemacht. Aber Erika war gesund. Jedenfalls stieg sie ein, grüßte mit ihrem Hundeauge und nahm auf Lohmarks Höhe Platz. Das Fenster spiegelte. Erika in schwacher Beleuchtung. Vor dem Tannenwald, seitenverkehrt. Die enge, blaue Windjacke hatte sie schon vor ein paar Wochen gegen diesen übergroßen Parka eingetauscht. Armeegrün. Die kleine Fahne auf dem Ärmel. Ohne Hammer, Zirkel und Ährenkranz. Noch immer war es, als ob was fehlen würde. Für die Demonstrationen damals hat sie einfach das Emblem abgetrennt. War ja doch die gleiche Fahne. Wenigstens die brauchte sie sich nicht neu zu kaufen. Das Erbstück eines älteren Bruders konnte der Parka nicht sein. An einen Langmuth hätte sie sich erinnert. Vielleicht waren sie doch zugezogen. Aber nicht aus dem Westen. Dafür war sie viel zu still. Beim Elternabend war niemand aufgetaucht. Dass der Geburtsort nicht mehr im Klassenbuch stand. Kaum Informationen. Fiel alles unter Datenschutz. Man wusste viel zu wenig über die Kinder. Dabei verbrachte man mehr Zeit mit ihnen als mit dem eigenen Ehemann. Von den eigenen Kindern ganz zu schweigen. Was holte sie da aus ihrem Rucksack? Das Tafelwerk. Sie blätterte, suchte eine bestimmte Seite. Geburtstag hatte sie im August. In den Ferien. Löwe. Schade eigentlich. Sie könnte einen Hausbesuch machen. Das Kinderzimmer besichtigen. Eine Pinnwand. Buntstifte. Poster. Von der Kaulquappe zum Frosch. Bei Hausbesuchen wusste man immer sofort, was los war. Wie bei dieser einen Familie. Damals, als sie noch an der Polytechnischen Oberschule war. Die Mutter hatte ihr die Tür geöffnet. Nicht mehr die Jüngste. Augenringe und violetter Lidschatten. Das Baby im Arm und die Zigarette im Mund. So unterhielt sie sich mit ihr über eines der sechs Kinder, das versetzungsgefährdet war. Ab und an fiel ein wenig Asche auf den Säugling. Dann wurde einmal rübergepustet. Heute machte man Hausbesuche nur noch in Ausnahmefällen. Und Erika war nicht versetzungsgefährdet oder verhaltensauffällig. Sie hatte bestimmt auch keine blauen Flecken. Vielleicht hatte sie nicht einmal Eltern. Lebte allein im Wald. Sie hatte ja nicht mal eine Freundin. Besser so. Es endete ohnehin immer mit Ver-

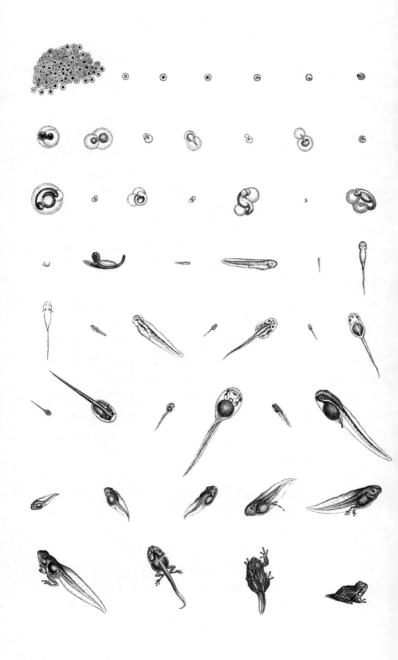

rat. Siehe Saskia und Jennifer. Einen Freund? Ausgeschlossen. Menstruation hin oder her. Bestimmt Haustiere. Aber keinen Hund oder eine Katze. Eher kleines Getier. Salamander, Schnecken. Genügsam und leicht zu beobachten. Im Garten ein Baumhaus. Die Angst davor, ein Rehkitz zu streicheln. In schillernde, ölverschmierte Pfützen starren. Den Birken die Haut abziehen. Feuersteine aneinanderschlagen, bis sie Funken sprühten. Eigentlich war Erika doch seltsam. Aber Beurteilungen gab es erst am Schuljahresende. Früher mit der Hand, heute mit dem Computer. Eine Einschätzung. Zwischen Wollen und Können. Meistens blieb es beim Bemühen. Den Erwartungshorizont nicht mal gesehen. Nicht so hinstarren. Stielaugen. Wie die empfindlichen Fühler. Schneckennachmittage. Als Kind hat sie selbst immer mit Schnecken gespielt. Ihnen ein Freiluftheim gebaut. Zweige in die Erde gesteckt. Löchrige Wände aus dünnen Hölzchen. Kleine Betten aus Sand gebaut. Und dann hat sie die Schnecken schlafengelegt. Auch wenn es noch gar nicht Abend war. Sie mit zerschnittenen Putzlappen zugedeckt. Am nächsten Tag waren die Schnecken immer verschwunden gewesen. Auf Spaziergang. Und sie hatte sie dann wieder eingesammelt. Nach Hause gebracht. Manchmal war dann eine Schnecke dabei, die ganz fremd aussah. Eine Tante auf Besuch. Dass sie ausgerechnet den Tieren ein Haus gebaut hatte, die ihr Heim mit sich herumtrugen. Sie hatte gedacht, alle bräuchten ein Haus. Ein Bett. Erika auch. Mit Waldblick. Zog sich aus. Einfach nur, um nackt zu sein. Ging im ganzen Haus spazieren. Die Eltern waren ja fort. Setzte sich auf das Sofa. Das fühlte sich seltsam an. Eulenrufe in der Nacht. Nacktschnecken. Das waren ja auch Lebewesen. Nur eben keine schönen. Zum Drauftrampeln. Vielleicht war sie ja dumm. Erika starrte immer noch auf die Formeln. Ihr was sagen. Irgendwas. Einfach so.

»Na, Sie schreiben jetzt viele Arbeiten, oder?«

Erika blickte auf, schaute sie an. Natürlich irritiert.

»Ja, ja.« Zögernd.

»Haben Sie sich alles noch mal genau angeschaut?«

Erika war erschrocken. Sie auch. Was war das denn? Was hatte sie gemacht? Bloß kein Wort mehr. Wegschauen. Raus. Aus dem Fenster. Aus dem Fenster gelehnt. Ruhig Blut. Was war denn los mit ihr? Gar nichts. Sie hatte nichts gesagt. Nichts verraten. Weiterfahren. Immer weiter. Das war alles ganz normal. Was war schon normal? Na, alles. Wie die Schnecken sich paaren. Das dauerte ewig. Die jungen kletterten auf die alten. Und die Nachkommen wieder auf jene, die einmal jung gewesen waren. Jung mit alt. Das waren alles Zwitter. Die Trennung verlief nicht zwischen den Geschlechtern, sondern zwischen jung und alt. Was sollten die anderen von ihr denken? Merkwürdig, es war fast ruhig. Ruhe vor dem Sturm. Eher nach dem Sturm. Niemand dachte was. Jennifer und Kevin dösten. Saskia hatte die Kopfhörer abgenommen und angefangen, ihre Mähne zu striegeln. Eine Reise. Jeden Tag. Sie gingen alle noch zur Schule. Und Erika? Blätterte im Biologieheft. Dumm war sie jedenfalls nicht.

Das Ortseingangsschild. Gleich waren sie da. Der Traum heute Nacht. Es war im Speisesaal des Darwin. Er war riesig. Alles aus Glas. Lichtdurchflutet. Wie die Abfertigungshalle in einem Flughafen. Aber den Lehrertisch gab es noch. Alle Plätze besetzt. Mit lauter Kollegen, die sie nicht kannte. Also ging sie zu den anderen Tischen, wo die Schüler saßen, oder die Reisenden, das wusste man nicht so genau. Und erst als sie Platz genommen hatte, sah sie, dass da auch Erika saß. Ihr gegenüber. Richtig erwachsen sah sie aus. Schien sie nicht zu bemerken. Aber unter dem Tisch presste sie die Knie gegen ihre Beine. Ganz fest. Was man alles so träumt.

Die Klasse saß mal wieder im Dunkeln. Allgemeiner Dämmerzustand. Graue Schemen vor der blauen Fensterfront. Licht an. Die Leuchtstoffröhren klimperten. Die vorne links musste mal gewechselt werden, so lange, wie die brauchte. Grelles Laborlicht. Ende der Nachtruhe. Aufgestanden.

»Guten Morgen.« Laut und kräftig.

Schwaches Echo im Chor. Zusammengekniffene Augen.

»Setzen.«

Ein Herumschieben der Bücher und Hefte, Kramen nach den Stiften. Es dauerte eine Weile, bis alles an seinem Platz lag und alle Arme verschränkt waren, so wie sie es mit ihnen eingeübt hatte.

»Hefte und Bücher weg.« Wie milde ihre Stimme klang. Das hatte sie gar nicht gewollt.

Spätestens jetzt waren sie hellwach. Aufgerissene Augen. Blankes Entsetzen. Kollektive Schockstarre. Damit hatten sie nicht gerechnet. Das übliche Seufzen und Winseln und die unvermeidlichen Hundeblicke, als sie das Aufgabenblatt verteilte. Nur Ellen und Jakob machten keinen Mucks, nahmen es ohne Wenn und Aber entgegen. Erika blickte nicht einmal auf. Selbst Annika schien verunsichert, sah ihren Durchschnitt in Gefahr. Das ganze Programm. Vor einer Woche erst hatte sie die letzte Klausur zurückgegeben. Form und Funktion des Zellkerns. Das Zentrum alles Seins. Die Einbahnstraße von der Erbinformation zum Protein. Da lag der Zellkern vergraben. Sie war nicht mal schlecht ausgefallen. Vier Vieren, fünf Dreien, zwei Zweien, eine Eins. Aber jetzt kam die Kür. Sie trafen sich hier ja nicht zum Vergnügen, zum reinen Zeitvertreib. Hier wurde Leistung verlangt. Wie überall. Eine unangekündigte Kurzkontrolle war noch das Lebensnahste, was die Schule zu bieten hatte. Vorbereitung auf die Realität, auf die unbarmherzige Abfolge von überraschenden Ereignissen. Es war auch gar nicht gut, die Abiturprüfungen anzukündigen. Viel sinnvoller wäre es, sie überraschend durchzuführen. Eine große Tombola für all die Nieten. Der Gewinn: Aufgabenzettel in versiegelten Umschlägen. Ja, am allerbesten wäre es, die Kandidaten auszulosen und sie einzeln aus dem Unterricht zu holen, über das ganze Jahr verteilt. Nach langwierigen Vorbereitungen gute Noten zu schreiben war ja wirklich keine Kunst. Man musste die eingefahrenen Wechsel zwischen den Phasen der Wissensvermittlung und seiner Kontrolle durch kleine Tests stören. Sonst bekam man am Ende nur Pawlow'sche Hunde. Und im Leben klingeln nun mal keine Glöckchen.

»Nur so zeigt sich, wer wirklich aufgepasst hat. Auf dem Weg vom Kurzzeit- ins Langzeitgedächtnis geht allerhand verloren.« Das war gar nicht nötig gewesen. Sie hatten sich schon ergeben. Brüteten verschreckt über den Zetteln und blickten immer wieder suchend auf. Zu ihr und hinaus ins schwarze Geäst der Kastanien vor dem Fenster. Aber dort standen auch keine Lösungen. Alles nur Theater. Tief im Inneren waren sie glücklich, endlich einmal gefordert zu werden. Alle Tiere wollten dominiert werden. Sie machten da keine Ausnahme. Das war doch mal was. Ein Lichtblick in ihrem ärmlichen Dasein. Ein lähmendes, aber erhabenes Gefühl und eine Tagesration Adrenalin. Puckernde Herzen in ihrer Hand. Ja, Kinder, das war Leben. Und das Leben war nun einmal streng geteilt. In innere Ursache und äußeres Erscheinungsbild. Hartes Wissen, trocken Brot. Es war ganz einfach. Je mehr man ihnen zumutete, desto mehr leisteten sie. Der Leistungswille lag nun mal in der Natur des Menschen. Und den Naturgesetzen war nicht zu entkommen. Nur der Wettbewerb hielt uns am Leben. An Überforderung war noch niemand gestorben. Ganz im Gegenteil. Wohl aber an Langeweile.

Noch einen Gang durch die Reihen. Von den Schränken bis zum Fenster. Die Monstera könnte auch mal wieder gegossen werden. Fünf staubige Finger, die schlaff herunterhingen. Ein erstaunliches Ding. Anscheinend war störrisches Wachstum auch eine Form, mit Vernachlässigung fertigzuwerden. Aber das kannte man ja. Wahrscheinlich sogar die wirkungsvollste. Sie schien wirklich am Leben zu hängen. Sie wuchs und wuchs. Einfach immer weiter. Nur blühen würde sie in diesen Breitengraden nicht. Bald würde der erste Schnee fallen. Gemäßigte Klimazone. Vier ordentliche Jahreszeiten. Nicht nur immer Sonnenschein, und selten mal so ein Regen wie an der kalifornischen Küste. Wie gut das tat, damals. Nach ihrer Wüstentour. Der Himmel endlich einmal bedeckt, der Pazifik glanzlos und grau. Braune Pelikane stürzten sich wie Kamikazeflieger in die See. Am Spülsaum rannten junge Strandläufer mit langen, gebogenen Schnäbeln den Wellen hinterher. Am Ufer patrouillierten Männer mit Metalldetektoren. In diesem Land schienen alle immer irgendetwas zu suchen. Und die Palmen sahen auch nicht so aus wie im Fernsehen, ganz zerzaust und vertrocknet. Und hier? Seit Tagen war die Sonne nicht mehr zu sehen gewesen. Alle redeten schon davon. Aber sie waren doch keine Pflanzen. Das hatte Claudia einmal gesagt, als sie wieder mal ihre heruntergelassenen Rollos hochzog. Jahrelang saß sie nachmittags im Dunkeln. Einkapselung bis zum Erwachsenenstadium. Sie waren zwar keine Pflanzen, aber Claudia sah aus wie eine Larve. Ein blasses, dünnhäutiges Gespenst. Dünn sowieso. Und diese Schauermusik. Glimmende Räucherstäbchen. Vollgeschriebene Kladden. Tagebücher mit Schlösschen dran. Versteckte Schlüssel. Und überall Staub. Als ob jemand gestorben wäre. Das war noch schlimmer als Christenlehre. Keine Pflanze, aber ein Tier. Stumm und ruhelos.

Weiter durch die Reihen. Kontrolle musste sein. Irgendwo ein Seufzer. Wie Tom wieder dasaß. Ein schlaffer Sack. Laura presste ihren Brustkorb gegen die Tischkante. Aus Nervosität oder Wichtigtuerei. Kevin, auf der Lauer. Der Nasenring keine Handbreit vom Blatt entfernt, zögerliche Kopfbewegungen. Ein Abguckmanöver. Aber Ferdinand saß viel zu weit weg. Der Abstand war größer als jede Individualdistanz.

»Kevin, die Mühe können Sie sich sparen. Ferdinands Schrift kann nicht mal ich lesen.«

Alle drehten sich zu ihm. Der Herdentrieb. Kleiner Witz zur Auflockerung. Sie war ja kein Unmensch. Schon riss er sich zusammen, blickte angestrengt auf sein Blatt.

Wo kam die Monstera eigentlich her? Vielleicht ein Geschenk? Aber von wem? Die Zeiten, in denen man als Lehrer Geschenke bekam, waren längst vorbei. Den ganzen Arm voller Blumen am Lehrertag. Zwölfter Juni. Schönste Blütezeit. Vor allem Pfingstrosen. Das Lehrerzimmer ein einziges Blumenmeer. Auch verordnete Gesten waren was wert.

Und dann wieder Jakob, dieses verzärtelte Brillentier. Kerzengerade Haltung. Konfirmandenfigur. Gleich die erste Aufgabe hatte er ausgelassen. Das war keine Zumutung, sondern Provokation. Wie egal ihm alles war. Der hatte mit seinem Leben abgeschlossen, noch ehe es anfing. Sich mit allem abgefunden, mit den unangekündigten Kontrollen und der strengen Benotung. All das machte ihm nicht das Geringste aus. Genau wie sein Vater, ein gemütlicher Herr mit Bürgerrechtlerbart und randloser Brille. Nicht nur Kurzsichtigkeit wurde dominant vererbt. Jeder Elternabend eine Demonstration. Oberste Erbregel: Waren die Kinder schlimm, waren die Eltern noch schlimmer. Bei ihnen waren die Eigenschaften voll ausgebildet, die in ihren Abkömmlingen noch harmlos schlummerten. Tabeas überspannte Mutter. Natürlich alleinerziehend. Was die wohl gebissen hatte. Ständig fiel sie einem ins Wort. Dass jedes Kind ein ganz besonderes Individuum sei, vor allem aber ihres. Was sie nicht sagte! Der klägliche Versuch, das eigene verfehlte Leben durch eine weniger missratene Nachkommenschaft aufzuwerten. Flucht nach vorn. Das Kind war ihre Anlage. Die Erbanlage als einzige Investition in die Zukunft. Es war die Hoffnung, dass die eigenen Gene sich in einer neuen Kombination doch noch als vorteilhaft erweisen könnten und der Erfolg dieser Mischung die Vererber rückwirkend auszeichne. Vor allem, wenn der andere Erbträger abgehauen war.

Man konnte die Konzentration förmlich riechen. Schweißabsonderung. Der Versuch, einmal Vergessenes wieder zu Tage zu fördern. Erinnerung konnte trügerisch sein. Erinnerung war trügerisch. Lauter blinde Flecken, die das Gehirn ausfüllte. Horror vacui. Die Natur ertrug keine Leere.

Wie ahnungslos sie dreinblickten. Wie benommen. *Nennen Sie vier rezessive Körpermerkmale und vier dominante Erbkrankheiten!* Hatten sie alles gehabt. Das war nun wirklich einfach. Es gab so viele. Allein an den Fingern: Vielfingrigkeit, Kurzfingrigkeit, Spinnenfingrigkeit. Eine Aufgabe weiter war sogar der Stammbaum einer vielfingrigen Familie aufgemalt, neben einem Schwarz-Weiß-Foto. Ein Vater und seine drei Kinder, die ihre Vampirfinger von sich streckten, die Handrücken nach vorn, den Blick geradeaus, in die Kamera. Aus einem alten Biologiebuch. Dreißigerjahre. Ein bisschen Gruselkabinett gehörte dazu. Budenzauber. Seltsame Sammelsurien. Verschrumpelte Wesen, die in ihrer eigenen Suppe schwammen. Albinos, Haarmenschen, Fellmädchen, Bartfrauen, die Dame ohne Unterleib. Der Junge aus ihrer Straße, als sie noch ein Kind war. Der krumme Reschke. Er lebte mit seiner Mutter allein in einem maroden Fachwerkhaus. Ein buckliges Männlein in armseliger Kleidung. Das weinrote Seidenhemd an den Ärmeln verschlissen. Es spannte über seinem Buckel. Er schlurfte durch die Straßen wie ein Affe. Halslos und vornübergebeugt, mit hochgezogenen Schultern. Vielleicht kam das vom Buckel. In der übergroßen Hand ein Einkaufsnetz, das auf dem Pflaster schleifte. Sein Alter war nicht zu schätzen. Alles war möglich. Ein riesiges Kind. Oder ein Greis mit einem Jungsgesicht. Was normal war, zeigte sich erst in den Abweichungen. Man brauchte die Missbildungen, um zu erkennen, was gesund war. Monster kam von monstrare. Es ging doch um Anschaulichkeit.

Aber was zeigten die Biologiebücher heute? Abstrakte Aufnahmen. Blank polierte Modelle der in sich selbst verdrehten Doppelspirale. Rasterelektronenmikroskopien. Ein schwarz-

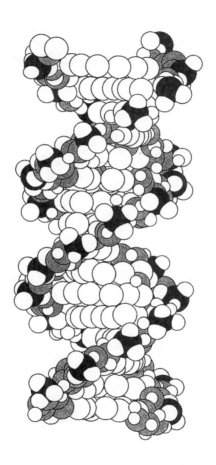

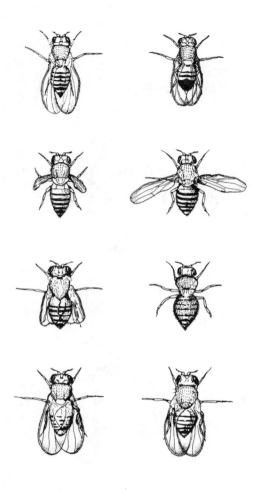

weißes Gruppenbild der dreiundzwanzig Paare würstchenförmiger Chromosomen, aus denen sie alle bestanden. Schrumpelige Erbsen. Mönch Mendel mit dünner Brille und dicker Kette. Dolly, das doofe Schaf. Und ein altes Zwillingspaar, das blaubefrackt seine Eineiigkeit zur Schau stellte. Natürliche Klone. Erbgleiche Nachkommen mochten nützlich für die Forschung sein, aber sie hätte keine haben wollen. Die gleiche Erbsubstanz doppelt füttern? Das hätte noch gefehlt. Dabei hatte das der Frauenarzt anfangs sogar vermutet, weil ihr Bauch so riesig war. Aber wenn Claudia eine Zwillingsschwester gehabt hätte, vielleicht wäre die ja hiergeblieben. Und natürlich die Fruchtfliege, das Wappentier aller Genetiker. Die würde niemals aussterben. Leicht zu züchten, leicht zu halten. Vergammeltes Obst war immer im Haus. Ein Modelltier: Drosophila melanogaster. Generationenwechsel alle zwei Wochen, riesige Nachkommenschaft, nur vier Chromosomen. Und die Erbmerkmale waren leicht zu erkennen. Mit einer Handlupe, wenn die Tiere betäubt waren. Damals im Seminar stand eines Tages auf jedem Tisch ein Erlenmeyerkolben, von einem Wattebausch verschlossen. Darin unzählige Fruchtfliegen in lauter Mutationen, auf die einige Forscher Jahre gewartet oder für die sie mit Röntgenstrahlen nachgeholfen hatten: Außerirdische Augen. Rote oder weiße. Gemustert wie ein Schachbrett. Verkümmerte Flügel. Winzige Borstenhärchen. Sie sollten die Fliegen betäuben und auf einem weißen Blatt Papier nach Merkmalen sortieren. Aber wenn man zuviel Äther nahm, waren sie sofort tot. Zu wenig und sie wachten zu früh auf und flogen weg. Die Verluste waren groß und ruinierten ihr das Ergebnis. Lauter tote und desertierte Versuchstiere. Da hatte es Mendel mit seinen Erbsen leichter gehabt. Die Natur mochte im Versuch sprechen. Aber jedes Experiment führte ein Eigenleben.

Im Abschnitt über die Erbkrankheiten gab es nur ein einziges Foto. Es zeigte ein grinsendes mongoloides Kind mit einem Schmetterling auf der Hand. Sah aus wie ein Kohlweißling. Ausgerechnet. Was sollte das denn? Der Schädling und die Missgeburt. Früher hieß das noch Trisomaler Schwachsinn. Aber das durfte man heute nicht mehr sagen. Was man alles nicht mehr sagen durfte: Neger, Fidschis, Zigeuner, Zwerge, Krüppel, Sonderschüler. Als ob damit irgendwem geholfen wäre. Sprache war doch dazu da, klarzumachen, was gemeint war. Die Wirbellosen nannte man schließlich auch wirbellos. Immer gab es irgendwas, das man nicht sagen durfte. Dass die UdSSR ein Vielvölkerstaat war. Nein, alles nur Sowjetmenschen. Neuerdings sollte es nicht mal mehr Menschenrassen geben. Wer das leugnete, war blind. Dass ein Neger anders als ein Eskimo aussah, war ja wohl offensichtlich. Wenn es Rinderrassen gab, dann gab es auch Menschenrassen. Selbst Mendels Gesetze waren heute nur noch Regeln. Alles nur noch Syndrome, nach ihren Entdeckern benannt. Wie bei Inseln. Gehisste Fahnen in kranken Körpern. Durch Diagnosen unsterblich werden. Down, Marfan, Turner, Huntington. Ohne Hinweis mehr darauf, wie schlimm das alles war: Schwachsinn, Zwergenwuchs, Plattfüße, Unfruchtbarkeit. Der erbliche Veitstanz. Früher Tod. Das Leben mit vierzig vorbei. Als ob es sonst anders wäre. Das galt ja für alle. Zumindest für jede Frau. Ein Drittel der gesamten Lebensspanne für nichts und wieder nichts. Postreproduktives Überleben. Das gab es auch nur beim Menschen. Die Gene überwinterten in unserem Körper und warteten auf bessere

Zeiten. Auf den Ausbruch, irgendwann. Herumgeschleppte Defekte. Genetik war dramatisch.

Der rezessive Erbgang war am spannendsten. Man hatte es, aber es zeigte sich nicht. Vielleicht doch. Irgendwann. Ein Krimi. Offene Wunden. Blut, das nicht gerinnt. Früher ließ sie noch den Stammbaum europäischer Fürstenhäuser abmalen. Von Victoria abwärts, bis fast in die Gegenwart. Weit verzweigte Linien. Ein phantastisches Beispiel für geschlechtschromosomale Vererbung. Sie musste die Tafel ausklappen, damit alle raufpassten. Die erste Überträgerin, ihre Töchter und Enkelinnen. Allesamt gesund. Die Mitgift war hoch. Endlich passte mal das Wort. Schuldige Mütter und ihre früh verstorbenen Söhne. Mit roter Kreide markiert. Die Hälfte der Jungs musste dran glauben. Harmlose Stürze. Kleine Autounfälle. Leichte Verletzungen. Innere Blutungen. Fehlende Konserven. Der letzte Zarewitsch. Ein Leben am seidenen Faden. Auch ohne Revolution.

Das mit dem Tafelbild sprach sich rum, und dann musste sie zu Hagedorn, dem Schulleiter. Eine Agentin des Klassenfeindes sei sie. Eine Handlangerin der Konterrevolution, des Revanchismus. Das musste man sich mal vorstellen! Als hätte sie öffentlich die Pommernfahne geschwungen. Schon klar: Nur Kommunisten hatten frische Gene. Aber Hagedorn hatte ihr nichts gekonnt. Sie lieferte ihnen den biologischen Beweis dafür, dass der Adel sich durch gezielte Inzuchtheiraten selbst ausgerottet hatte. Damals wusste sie ja nicht, dass tatsächlich noch irgendwo Könige regierten. Märchenpersonal. Figuren aus tschechischen Kinderfilmen. Aber der fortgeschrittene Ahnenverlust war ein Fakt. Rennpferde konnten sie züchten, aber keine Thronfolger. Genetische Einfalt war das. Die hatten eben immer nur auf das Blut und nicht auf das Erbgut geachtet. Auch der krumme Reschke sollte angeblich aus einem katholischen Dorf stammen, in dem alle immer unter sich geblieben waren, vor dem Krieg. Verstärkung unerwünschter Merkmale. Die Inzuchtdepression zeigte sich immer zuerst am Mund. Bei den Habsburgern die komplett verzogene Kauleiste. Ausgefranste Schnäbel bei den Straußen. Es gab einfach noch zu wenig Zuchttiere im Land. Man wusste nicht genau, was man bekam. Da blieb nur die Anpaarung von Tieren unbekannter Herkunft. Ein Blinde-Kuh-Spiel. Zucht war das nicht. Zucht ging nur, wenn zweifelsfrei feststand, welches Ei von welchen Eltern stammte. Wenigstens durften die Hähne noch selber decken. Auch wenn Wolfgang daneben stand. Natursprung. Jeder Hahn hatte zwei Hennen. Haupt- und Nebenfrau. Es war immer ein Trio. Strauße lebten zu dritt. Die Hähne brüteten nachts, die Hennen am Tag. Wie einfach alles sein konnte.

Vor ihr lag der Stammbaum der spinnenfingrigen Familie. Mann und Frau. Kreise und Vierecke, die neue Kreise und Vierecke hervorbrachten. Dünne Linien, die sich neu verzweigten. Nur die geborenen Kinder zählten.

Wolfgang hatte ja auch zwei Hennen gehabt. Doppelter Bruterfolg. Zwei Frauen, drei Kinder. Ein Quadrat zwischen zwei Kreisen. Ilona und sie. Dabei hatte sie mit dieser Frau nichts zu tun. Aber man konnte sich nicht aussuchen, mit wem man verwandt war. Über drei Ecken oder ein Viereck. Man konnte sich ja nicht einmal seine Kinder aussuchen. Nur austragen. Blutsverwandtschaft verpflichtete zu nichts. Auf die Rücksicht der Gene war kein Verlass. Nicht mal auf ihren Egoismus. Es sah schlecht aus mit Enkelkindern. Ein Strich

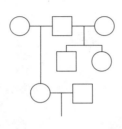

ins Leere. Eine Sackgasse. Das tote Ende einer Entwicklung. Claudia war schon fünfunddreißig. Aber die Strauße sahen ihre Küken ja auch nie wieder. Im Tierreich kam man sonntags nicht zum Kaffeetrinken vorbei. Dankbarkeit war nicht zu erwarten, und ein Rückgaberecht gab es auch nicht. Keine Nähe. Kein Verständnis. Nicht einmal Ähnlichkeit. Die Aufteilung der Chromosomen bei der Meiose geschah zufällig. Man wusste nie, was man bekam. Die meisten Kinder ähnelten ihren Eltern nicht, bis auf ein, zwei Merkmale vielleicht. Der Rest war Abweichung. Die Vererbung der Augenfarbe war polygen. Und die der Haarfarbe noch komplizierter. Das war alles nicht vorherzusagen. Nur im Nachhinein mühsam zuzuordnen. Claudia hatte ihr braunes, störrisches Hundehaar von Wolfgang und die hellgrünen Augen von seiner Mutter. Sie selbst hatte sich bei diesem Kind offensichtlich nicht durchsetzen können. Ob sie schön sei, hatte Claudia sie mal gefragt. Was sollte man denn darauf antworten? Du siehst lustig aus. Breites Gesicht, dunkle Sommersprossen, leichter Überbiss. Lustig war doch nett. Ein faltiger Batzen, hässlich wie die Nachgeburt. Wer hatte das gesagt? Ihre Mutter. Es war ihr immer noch ein Rätsel, dass diese Frau sie geboren haben sollte. Es gab keine echten Beweise. Oder hatte sie das zu Claudia gesagt? Manchmal hatte sie gedacht, Claudia sei gar nicht ihre Tochter. Obwohl sie bei ihrer Geburt doch dabei gewesen war. Nach sechsunddreißig Stunden Wehen. Anderthalb Tage. Nach zwanzig Stunden hatte sie nicht mehr daran geglaubt, wirklich ein Kind zu bekommen. War davon überzeugt, dass alles nur Einbildung sei. Ein großer Schwindel. Ein aufgeblähter Bauch und nichts dahinter. Vielleicht ein Geschwür, aber kein Kind. Ein Junge, sagten alle, weil der Bauch so riesig war. Sie war zwei Wochen über dem Termin. Bevor man sie endlich in den Kreißsaal ließ, steckte ihr die Schwester im Waschraum einen roten Gummischlauch in den After. Zwei Toiletten hinter einer Bretterwand. Schwarzweiße Fliesen, wie in einer Fleischerei. Das kalte Wasser lief ihr die Beine runter. Warmes gab es nicht. Angeblich ein Stromausfall. Zusammenkneifen, brüllte die Schwester und hielt die Kanne noch ein Stückchen höher. Immer wieder: Zusammenkneifen! Dabei wollte sie alles los werden: Das Wasser, die Scheiße, das Kind. Ihren Körper endlich wieder für sich haben. Drei Zentimeter, sagte jemand. Und dann: Das dauert noch. Ran an den Wehentropf. Als sie dachte, dass es jetzt endlich losgehen würde, war keiner mehr da. Keine Schwester. Kein Arzt. Alle waren bei einer Frau, die zwei Betten weiter lag und während der Geburt einen epileptischen Anfall bekommen hatte. Komplett weggetreten. Und sie lag allein da. Die epileptische Frau hat ihr Kind dann gar nicht annehmen wollen.

Wie ernst sie aussah. Erika. Aufmerksam. Las ihre Antworten noch einmal durch. Wie die Augen unruhig die Zeilen überflogen, der Mund einzelne Wörter ausbuchstabierte. Sie überlegte und schrieb noch was hin. Selbst mit offenem Mund war sie schön. Jetzt flackerte schon wieder die Neonröhre. Ging aus. Ellen saß fast im Dunkeln. Genug. Die Zeit war sowieso vorbei.

»Zum Ende kommen. Der Countdown läuft.« Endspurt. Sonst machten sie alles nur noch schlimmer.

»Noch zehn Sekunden.« Sie kannte das. Zum Schluss schrieben sie immer noch irgendeinen Blödsinn hin. Einfach so. Damit irgendwas dastand.

»Stifte und Finger weg.«

Wieder Stöhnen, aber sie gehorchten. Alle taten total erschöpft, als ob sie irgendwas geleistet hätten. Immerhin waren sie gefügig. Beste Voraussetzungen, um sie mit neuen Sachverhalten zu konfrontieren. Sie hievte die große Rolle auf den Ständer. Der schwarze Tragegriff hielt das Kartenwerk. Beschichtetes Leinen, abwaschbar und etwas rissig, aber das Schaubild war bestechend klar und schön. Nirgendwo waren die Mendel'schen Gesetze der klassischen Vererbung simpler und eindrucksvoller dargestellt als hier. Das Kreuzungsschema zweier reinerbiger Rinderrassen. Dominant-rezessiver Erbgang. Ein Kessel Buntes. Ganz oben traf ein schwarzweiß gescheckter Stier auf eine rotbraune Kuh. Was dabei rauskam, waren schwarze Kälber. Aber dann, eine Generation weiter, geschah das Erstaunliche, die regelhafte Aufspaltung der Merkmale: Sechzehn, vier mal vier Möglichkeiten. Lauter bunte Bastarde.

»Wie Merkmale verschwinden und wieder auftauchen, unterliegt bestimmten Gesetzen und lässt sich vorhersagen. Schreiben Sie mit: Sobald zwei reinerbige Individuen gekreuzt werden, die sich in mehr als einem Merkmal unterscheiden, kommt es in der zweiten Tochtergeneration zu einer echten und dauerhaften Neukombination von Erbanlagen.« Alles zeigte sich in der zweiten Tochtergeneration. Das Zurückfallen zu den elterlichen Typen. Zu den Großeltern. Claudias Kind würde seiner Großmutter, also ihr, mehr ähneln als Claudia selbst. Ein Dreiklang. Drei Generationen unter einem Dach. Früher war das ja üblich. Ihr Enkelkind könnte noch einmal ihre blauen Augen bekommen. Hell, ohne Pigmente. Sie wusste nicht mal, welche Augenfarbe dieser Typ

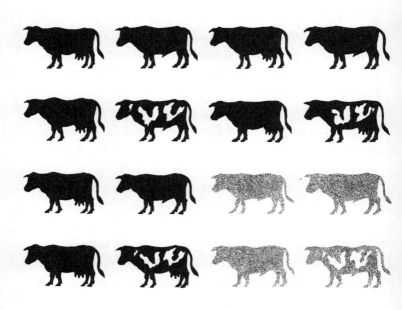

hatte. Auf dem Foto war ja nichts zu erkennen gewesen. Das Gesicht vom Grinsen entstellt. Irgendein Mann. Der eine andere Sprache sprach. Ein Fremder. Das Kind würde nicht nach Hause kommen. Claudia würde nicht bauen. Nicht auf den Polderwiesen. Nicht im Sauerland. Nicht im Speckgürtel von Berlin, wohin der Sohn der Bernburgerin gezogen war. Warten brachte nichts. Nichts würde sich auszahlen. Die Rechnung ohne den Wirt gemacht. Wenn sie aber doch noch ein Kind bekäme. Schließlich hatte sie ja geheiratet. Einen Enkel auf einem anderen Kontinent. Zwölf Flugstunden entfernt. Das Kind könnte sie nicht verstehen. Sie konnte nur ein paar Worte. Heiße Kartoffeln im Mund. Mickey-Maus-Englisch. Claudia hatte sich immer lustig gemacht. Diesen Drang, abzuhauen, hatte Claudia von Wolfgang. Immer, wenn es kompliziert wurde, verließ er den Raum. Damals war er auch einfach gegangen. Hatte Ilona und die Kinder zurückgelassen. Für sie. Das war heute kaum noch zu glauben.

»Frau Lohmark?«

»Ja, Paul.«

»Warum heißt das eigentlich Tochtergeneration?«

»Wie soll es denn sonst heißen?«

»Naja.« Er fummelte an seiner Kapuze herum. »Zum Beispiel vielleicht Sohnesgeneration?« Das hier würde länger dauern. Sie stand auf und lehnte sich ans Pult.

»Der Beitrag der Männer zur Fortpflanzung ist letztendlich gering. Was sind schon Millionen von Samenzellen gegen eine große Eizelle, die nur einmal im Monat reift?« Was war schon der hastig ausgeführte Geschlechtsakt auf einem Hochstand gegen neuneinhalb Monate Tragezeit?

»Jeder Mann wird von einer Frau geboren. Es gibt weder

Sohneszellen noch Sohnesgenerationen. Die Fortpflanzung ist weiblich.«

Die Mädchen kicherten. Davon konnten sie noch mehr haben.

»Warum zum Beispiel haben auch Männer Brustwarzen? Obwohl sie nicht stillen müssen.«

Ratlosigkeit.

»Erogene Zone?« Kevin. Wer sonst.

»Weil die Embryogenese grundsätzlich erst einmal das Weibliche vollzieht. Auch wenn vom Moment der Befruchtung an klar ist, welches Geschlecht der Embryo einmal haben wird. Das Ypsilon ist nur dafür da, dass die Entwicklung zum Weiblichen unterdrückt wird. Männer sind Nicht-Frauen.«

Auf einmal hörten sie zu. Jetzt, in diesem Moment, begriffen sie einen Sachverhalt zum allerersten Mal. Die Rechnung ging auf. Endlich fraßen sie das Korn, das sie seit Wochen ausgestreut hatte. Wenn man den Straußen einen Sack über den mickrigen Kopf zog, ließen sie sich ruhig führen, und man konnte alles mit ihnen machen. Ich sehe was, was du nicht siehst. Jetzt nur noch in aller Ruhe die Schlinge zusammenziehen.

»Die meisten Erbkrankheiten liegen auf dem X-Chromosom. Deshalb haben Männer keinerlei Ausgleich. Sie sind anfälliger, und sie sterben früher.« Fast konnten sie einem leidtun. Sie hatten wirklich einiges zu kompensieren. Deshalb mussten sie sich auch so viel einfallen lassen: Erfindungen und Kriege. Geheimdienstüberwachung. Reden auf dem Schulhof. Straßenumbenennungen. Straußenzucht.

In der Kastanie draußen hockte eine Gruppe von Krähen.

Sie zankten sich um die besten Plätze. Aber keine verließ den Baum. Sie waren klug. Die konnten Freunde von Feinden unterscheiden. Obwohl die Vögel gezwungen waren, beim Gehirn Gewicht einzusparen, um flugfähig zu bleiben. Eine Krähe hackt der anderen kein Auge aus. Die Strauße hatten kleine Hirne und konnten trotzdem nicht fliegen. Claudia fehlte Wolfgang nicht. Er war ja daran gewöhnt, nichts von seinen Kindern zu wissen. Seine Ältesten hatten damals unterschrieben, dass sie keinen Kontakt mit ihm wollten. Er würde seine Kinder wohl nicht mal auf der Straße wiedererkennen. Warum auch. Zu sagen hatten sie sich nichts. Bei seinem Bruder war es das Gleiche. Der Sohn aus erster Ehe. Wie aus dem Gesicht geschnitten. Und die Gesten, die ganze Haltung. Ein Reiben an der Nase, leicht vornübergebeugt. Mit Männern war das eben anders. Die kümmerte der Nachwuchs nicht. Die hatten Arbeit und Hobbys: Computer, Autos, Fallschirmspringen, Skat, Strauße. Ihr Vater war immer in den Wald gegangen. Zum Jagen. Aber ihre Mutter hatte keine Lust, die Sammlerin zu spielen. Das hatte nicht lange gutgehen können. Eine einfältige Frau. Kühl. In ihrer Jugend vielleicht einmal reizvoll. Später aber war ihre Schönheit nichts als eine kühne Behauptung gewesen. Sie war bestenfalls gepflegt. Noch im Krankenhaus machte sie sich zurecht. Wächserner Glanz. Eine Eiskönigin. Augen wie böhmisches Glas. Kunstvoll, durchsichtig, ohne Grund. Zum Glück war sie tot.

»Die Wildform des Rindes, wie heißt die noch mal?«

Eine einsame Meldung. »Ja, Ellen?«

»Auerochse.«

»Gut.« Die Aufmerksamkeit ließ schon wieder nach.

»Und wo lebt der Auerochse heute?«

Vage Verunsicherung.

»In Bayern.« Es kam von Kevin. Er fand das anscheinend komisch.

»Der Auerochse ist ausgestorben! Tot! Vergraben! Für immer ... Noch vor der Steller'schen Seekuh. Merken Sie sich das!« Der Blutdruck. Sie musste sich setzen.

»Das Rind ist das älteste und nützlichste Haustier überhaupt. Es liefert Fleisch, Arbeitskraft und Milch. Ja, mit der Domestizierung des Rindes vor etwa zehntausend Jahren begann die Zivilisation. Eigentlich hing der zivilisierte Mensch schon immer an den Zitzen der domestizierten Kuh.« Ja, das war ein gutes Bild. Philosophie hätte sie auch unterrichten können. Die Tischplatte voller Kreide. Man wurde sie nicht los. Da konnte man sich noch so oft die Hände waschen.

»Die Zucht, das ist eine Wissenschaft für sich. Eine Form der Erziehung. Die Erziehung zum Guten. Ausgewählte Merkmale werden betont. Und schlechte unterdrückt. Man wählt die ertragreichen und umgänglichen Exemplare aus und kreuzt sie weiter. So hat man zum Beispiel in das schwarzbunte Milchrind, das früher hier sehr verbreitet war, dänische Jerseybullen eingekreuzt, um den Fettgehalt der Milch zu steigern. Und deren Nachkommen wurden dann wieder mit Holstein-Rindern gepaart, um die Milchleistung zu erhöhen. Ziel war die Züchtung einer neuen Rinderrasse.« Wege zur sozialistischen Kuh. Langlebig, fruchtbar und robust. Drei Fliegen mit einer Klappe. Pralle Euter, starke Muskeln. Ein paar Jahre milchbetontes Mästen. Fertig war das vollkommene Zweinutzungsrind. Die eierlegende Wollmilchsau.

»Kultur kommt von Kultivieren! Von Zucht und Ackerbau. Das können Sie sich ruhig aufschreiben. Und Haustiere, zum

Beispiel, das sind Kulturgüter. Lebendige Denkmäler. Wenn einzelne Rassen aussterben, dann sind sie für immer verloren. Das ist nicht wie mit Häusern, die man wieder aufbauen kann, wenn man die Baupläne irgendwo wiederfindet.« Sie war immer gern in den Palast gegangen. So hell. Das Licht. Großzügig, richtig nobel. Weißer Marmor. Kupferdampfgetönte Scheiben. Und dieses schöne Restaurant in der zweiten Etage. Gepolsterte Holzstühle an Vierertischen. Die Kellner trugen alle die gleiche Kleidung, eine richtige Uniform. Irgendwann werden sie den auch wieder aufbauen. Aber die Kühe ihrer Kindheit, das Schwarzbunte Milchrind würde es bald nicht mehr geben. Das bisschen Gefriersperma, das sie noch gefunden hatten. Die Genreserve war aufgebraucht. Es hatte sich ausgekreuzt.

»Das Zweinutzungsrind ist tot. Heute stehen ja nur noch Holsteinrinder auf den Weiden. Das sind reine Milchproduzentinnen. Richtige Hochleistungskühe.« Arbeitsteilung allenthalben. Selbst die Kühe waren spezialisiert.

Aber die Klasse hatte schon wieder den Anschluss verloren. Um zwei Ecken konnten die nicht denken. Nicht mal um eine.

Die übliche Meldung.

»Ja, Annika.«

»Die Kühe paaren sich doch gar nicht mehr wirklich, oder?« Der Tonfall verriet sie. Das war eine rhetorische Frage. Sie wusste es genau. Sie kannte die Antwort und wollte nur wieder ein Bienchen kassieren.

»Annika, Kühe paaren sich sowieso nicht.« Die Weiber besprangen sich höchstens, um dem Stier zu zeigen, wie brünstig sie waren.

»Wie muss die Frage also richtig heißen, Annika?«

Faltenwurfstirn. Offener Mund. Na, also: Es war ihr peinlich. »Ähm ... Rinder meine ich natürlich. Die werden doch gar nicht mehr in echt gepaart.«

»Nein.«

Jetzt wurde es doch noch spannend.

»Natursprung wird kaum noch angewandt. Es ist viel zu teuer, die Bullen durch die Gegend zu karren. Die Kühe werden vom Besamungstechniker mit Gefriersperma befruchtet.«

»Kuhficker.« Eine dünne Stimme aus der letzten Bankreihe. Ferdinand. Bei ihm jetzt also auch. Einmal langsam durch den Gang nach hinten, direkt zu ihm.

»Nein ... Rucksackbulle!« Er konnte ja nichts dafür. Sobald die Keimdrüsen funktionsfähig waren, entstand der Drang zu sexueller Betätigung. Und wenn der nicht ausgelebt werden konnte, bahnte er sich auf verbale Weise seinen Weg.

Durch den Gang wieder zurück zur Tafel.

»Mit dem rechten Arm wird im Kuhafter nach dem Muttermund getastet, während man mit der Linken die Spermaspritze in der Vagina vorsichtig Richtung Gebärmutter schiebt.« Sie machte es vor. Ein paar angedeutete Armbewegungen. Befruchten war Handwerk. Und Gebären war Arbeit.

Angeekelt die Mädchen. Ungläubig die Jungs.

Das war echte Aufklärung. Nicht dieses alberne Gerede von Vorspiel und körperlicher Vereinigung. Schmusen, steifes Glied, Samenerguss. Bau und Funktion der Geschlechtsorgane, erogene Zonen. Hygiene, Erkrankung, Verhütung. Die Sexualität war ein Verhalten des Menschen, die Pubertät eine Phase ihrer Entwicklung. Das Bett die kleinste Zelle der Gemeinschaft.

»Und um das Sperma zu gewinnen, wird der Zuchtbulle dreimal in der Woche in die Abspritzkammer geführt. An einer langen Stange, die man an seinem Nasenring festmacht.«

Kevin ließ sich nichts anmerken. Alle Achtung. Machte er wirklich gut. Nicht mal erweiterte Nasenlöcher.

»In der Abspritzkammer steht sein Sprungpartner bereit. Ein ruhiges Tier, das der Bulle ein paar Mal besteigt. Keine Kuh, sondern ein Stier.« Für Kühe war das viel zu gefährlich. Die würden sich das Kreuz brechen. Dem Standstier machte das nichts. Zuchtbullen sprangen sowieso auf alles, was auch nur entfernt so aussah wie ein Hinterteil. Auch auf höhenverstellbare Attrappen auf Rädern.

»Zwei, drei Blindsprünge braucht er allein, um ausreichend stimuliert zu sein und den Penis auszuschachten. Den nimmt der Absamer und führt ihn in die Kunstscheide ein.« Vorgewärmte Gummihaut, richtige Temperatur, optimaler Druck, sofortige Ejakulation. Das waren Spitzenvererber. Und Spitzenverdiener. Es gab nur wenige hochwertige Vatertiere. Der Rest kam zum Schlachter.

»Das Sperma wird hundertfach verdünnt, tiefgefroren und weltweit verschickt. Ein Erguss reicht für über hundert Besamungen. Das ist die effektive Ausbeutung einer Kette von Schlüsselreizen.« Torbogenreflex. Taktile Stimulierung durch die Blindsprünge, bei denen Kopf und Brustbein den Rücken des Standstiers berühren. Als Höhepunkt der Deckreflex. »Gefühle braucht es dafür nicht. Das geht alles automatisch.«

Entgeisterte Blicke. Ja, es gab so viel Unkontrollierbares. Scheinbar echte Gefühle, die nichts als Schlüsselreize waren. Ob nun der Schluckauf, die Flüssigkeit, die einem manchmal beim Gähnen unvermittelt aus dem Rachen spritzte, oder irgendwelche Drüsen, die aktiviert wurden oder eben nicht. Funktionierende Maschinen. Hormonschwankungen. Chemische Reaktionen. Arterhaltung. Der Geburtsvorgang, nichts als die hormongesteuerte Trennung von Mutter und Kind.

»Sind die schwul, oder was?« Paul. Grinsen war gar kein Ausdruck.

»Bist wohl selber schwul.« Kevin, natürlich.

Im neuen Lehrplan wurde tatsächlich behauptet, dass Homosexualität eine Variante des Sexualverhaltens sei. Als ob das Geschlechtsleben Varianten nötig hätte!

»Die Fortpflanzung des Menschen kennt nur einen Weg, die Erbinformation in die nächste Generation zu transportieren. Erinnern Sie sich an die Pantoffeltierchen! Wie war das noch mal? Die können beides. Die ungeschlechtliche Querteilung. Und die Längsteilung, bei der sich die Einzeller aneinanderlegen und über eine Plasmabrücke winzige Zellkerne austauschen. Man könnte behaupten, die Pantoffeltierchen hätten den Sex erfunden. Und wozu ist der gut? Um das Erbgut aufzufrischen und mögliche Fehler zu korrigieren. Rekombination! Genetische Vielfalt! Das ist der entscheidende Vorteil. Jungfernzeugung und Selbstbefruchtung taugen eben nur für niedere Lebewesen. Alle halbwegs komplexen Organismen pflanzen sich geschlechtlich fort.«

Jetzt konnte sie eigentlich auch das Licht ausmachen. Hell genug war es ja.

»Die wichtigste Aufgabe aller Organismen ist nun einmal, eine möglichst große Anzahl überlebender Nachkommen zu zeugen. Es geht immer nur darum, Erbanlagen weiterzugeben.« Von Zelle zu Zelle, von Generation zu Generation. Informationsübertragung mittels Nukleinsäurefäden, Makromoleküle, die um jeden Preis ihren Fortbestand sicherten, Verhaltenstelegramme an die zukünftige Welt. Leben wollte leben. Sogar Selbstmörder bereuten ihre Tat im letzten Augenblick.

Es war schon erstaunlich, dass jede Art ihresgleichen hervorbrachte. Dass aus Rindern Rinder und aus Weizen wieder Weizen wurde. Und dass sich aus einem larvenähnlichen Fötus ein Lebewesen entwickelte, das seinen Erzeugern glich, egal, ob nun Strauß, Schnirkelschnecke oder Mensch. Die Art war eine Geschlechtsgemeinschaft. Der Fortpflanzungstrieb war mächtig. Sogar Tiger und Löwe erlagen ihm in Gefangenschaft und zeugten miteinander unfruchtbare Hybride.

»Und aus den anatomischen Unterschieden der Geschlechter ergibt sich nur eine zwingende Handlung: Der Schlüssel muss ins Schloss.« Der Enddarm war nun mal kein Geschlechtsorgan. Die Schwulenkrankheit. Es war wirklich das klügste aller Viren. Seine Taktik war geradezu genial. Dass es ausgerechnet das Immunsystem angriff, das den Körper doch vor Infektionen schützen sollte. Ein Thriller. Der Feind in meinem Bett. Es war nur konsequent: Mit der Sexualität kam auch der Tod in die Welt. Präservative über Besenstiele zu rollen, musste sie extra für den Unterricht lernen. Gummi über Holz. Die Übung brachte sie mittlerweile mit technischer Präzision über die Bühne. Sie selbst hatte sowas nie benutzt. Warum auch. Früher nahm sie die Pille. Und irgendwann hatte sich das nicht mehr gelohnt. All die Hormone, die das Grundwasser verseuchten und die Männer weich machten.

»Und jetzt schlagen Sie bitte mal das Buch auf: Seite neunundachtzig, Aufgabe zwölf. Tom, lesen Sie bitte vor.«

Annika zog einen Flunsch. Das Zugpferd war beleidigt.

»Entscheide, bei welchen der folgenden Merkmals...«
Was für ein Stottern.
»...änderungen es sich um Mu-ta-tio-nen ...«
Schwieriges Wort.
»... oder um Modifikationen handelt ...«
Von wegen Lesekompetenz.
»... und begründe deine Ordnung.«
Und warum das Schulbuch sie duzte.
»Danke. Jetzt jeder für sich. Lösungen ins Heft, bitte.«

Die Sommersprossen, das Winterfell der Tiere, die Muskeln eines Bodybuilders, Rosettenmeerschweinchen. Mutationen oder Modifikationen? Genetisches Programm oder Einfluss der Umwelt? Innen oder außen?

Ein verzücktes Quietschen.

»Oh, Meerschweinchen.« Das kam von Herzen. Bei den albernen Nagern flippte immer jemand aus. Diesmal Laura.

Pervers platzierte Wirbel. Exaltierte Strähnen. Sinnlose Züchtungen. Mutanten. In keinem Ökosystem der Erde war dafür ein Platz reserviert. Claudia hatte eines zu ihrem zwölften Geburtstag bekommen. Das Geschenk einer Freundin. Schöne Freundin. Erpressung war das. Freddy. Angeblich ein Männchen. Und dann wurde Freddy immer dicker und gebar schließlich zwei Junge. Nicht bei allen Säugetieren war die Geschlechtsbestimmung so einfach wie beim Menschen. Aber was sollte man auch von Tieren erwarten, die von vorn genauso aussahen wie von hinten? Glücklicherweise war der Nachwuchs weiblich. Diese Viecher waren ja schon mit drei Wochen geschlechtsreif und kannten kein Inzesttabu. Freddy war beige mit dunkelbraunen Flecken. Die Standardausführung. Die Kleinen zeigten ein paar mehr der überzüchteten Merkmale: Fellkleid mit hellblonden Strähnen. Dunkelblondes Hinterteil mit ausladenden Haarbüscheln wie eine Schleppe, in der sich kleine Kotbrocken verfingen. Dieser Gestank. Verpestetes Kinderzimmer. Zum Glück starb Freddy bald an einem Gehirntumor. Sie vergruben die Überreste hinter dem Neubaublock bei den Garagen. Die Kleinen verschenkten sie.

Kind und Haustier. Das endete nie gut. Einem Kind ein Tier zu schenken war eine besonders perfide Form von Tierquälerei. Von wegen Schulung der sozialen Kompetenz. Da ging es nur noch um Leben und Tod. Das Tier war der kindlichen Allmacht ganz und gar ausgeliefert. Und Kinder waren nicht unschuldig. Bei aller Liebe. Nie gewesen. Sie waren unverstellt ehrlich, unverstellt brutal. Wie die Natur. Früher oder später starb das Tier. Meistens früher. Entflogene Wellensittiche. Hamster, von kräftigen Kinderhänden plattgedrückt. Fellreste in Leichenstarre. Und dann war das Geschrei groß. Das Spielzeug hatte ausgespielt. Trauer sah anders aus. Verendete Zierfische auf der Auslegware. Herausgerissene Fliegenbeine. Gevierteilte Frösche. Darüber berichteten keine Zeitungen. Aber über Babys fressende Rottweiler. Dabei war das doch ganz natürlich. Der Jagdtrieb. Und was war von der Natur, von den Instinkten geblieben? Ein Ziehen an der Leine. Ein heiseres Bellen in der Nacht.

Als Kind war sie in den Ferien oft bei den Großeltern. Sie hatten einen Acker und ein kleines Waldstück. Nutznießer der Bodenreform. Auf dem Hof pickten weiße Reichshühner. In dem Bretterverschlag hockten sie auf ihren Stangen in fester Hackordnung. Im Stall eine Kuh und ein paar Schweine. Die Sau im Stroh wie tot. Unter dem Rotlicht drängten sich die Ferkel an die Zitzen, dicht an dicht. Und immer das Risiko, dass die dicke Mutter eines der Kleinen erdrückte. Überall Tiere und Kinder. Nachbarskinder und Enkelkinder. Kinder und Heu. Kinder wie Heu. Stallgeruch. Nestwärme. Sie klauten den Hühnern die Eier aus dem Stroh und aßen die Kartoffeln, die eigentlich für die Schweine bestimmt waren, direkt aus dem Dämpfer. Steckten dem Kälbchen die flache Hand ins Maul. Der Saugreflex. Schiss vor dem Truthahn. Sein obszöner Kopfschmuck, diese Fleischwarzen. Als ob er sein Geschlechtsteil auf dem Kopf spazieren trug. Zwei Katzen, die meistens trächtig waren. Ihre Jungen ertränkte der Großvater in der Regentonne. Mit einem Stein in einem Sack. Späte Abtreibungen. Sie hatten noch nicht einmal Augen.

»Wer von Ihnen hat denn ein Haustier?« Das war die Gelegenheit jetzt. Tiere zogen immer noch. Sogar nach der Geschlechtsreife. Aber Fell und Zitzen mussten sie haben.

Acht Meldungen.

Nach Schnecken brauchte sie gar nicht erst zu fragen. Hunde und Katzen. Sah man sofort. Der Mensch hatte seinen ärgsten Feind domestiziert. Den Wolf zum hündischen Wesen degradiert. Aus dem Wald ins Körbchen. Ein würdeloser Begleiter. Und weil es ihnen dann mit dieser speicheltriefenden Treue doch zu langweilig geworden war, hatten sie sich auch noch die Katze ins Haus geholt. Dass das überhaupt als Domestizierung durchging. Nur weil ein Tier aus einem hingestellten Futternapf fraß. Das Schnurren war ein Täuschungsmanöver. Eine einzige Provokation auf dem Sofakissen. Kein Wunder, dass der Penis des Katers mit Widerhaken besetzt war.

Hartnäckiges Fingerschnipsen. Das hatten sie sich so ge-

dacht. Das musste sie jetzt irgendwie abkürzen. Keine Tiersprechstunde heute.

»Aha. Soso. Danke.«

»Und Sie, Erika?« Sie hatte sich nicht gemeldet. Die ganze Stunde nichts gesagt.

»Mein Haustier ist gestorben. In den Sommerferien.« Sachlicher Ton. Aber ihr Blick, das hängende Auge. Aus der Zeit gefallen.

»Achso.«

Das hatte sie nicht gewollt.

Erika schaute weg, zog die Schultern hoch. Ein verwundetes Tier. Einen Vorteil hatte die ungeschlechtliche Vermehrung. Sie hinterließ keine Leichen. Pantoffeltierchen waren potenziell unsterblich. Ein einziges Mal durfte sie sich ein Kätzchen aussuchen. Ein schwarzes mit roten Flecken. Das schönste war es gewesen, aber nicht das stärkste. Nach acht Tagen war es tot.

Themawechsel, jetzt.

»Vergessen Sie nicht: Es gibt Erbanlagen und Umwelteinflüsse. Der Genotyp ist unveränderbar, aber der Phänotyp kann je nach Lebensbedingung ganz unterschiedlich ausfallen. Wie ein Organismus aussieht, das bestimmt nicht das Erbgut allein. Die DNA liefert nur die Voraussetzungen.« Erbgleiche Bohnen, die auf unterschiedlichen Böden unterschiedlich gut gediehen.

Eine Meldung.

»Ja, Tabea.«

»Das ist ja wie mit dem Horoskop. Es kommt darauf an, was man daraus macht.« Na klar, Sterntaler. Nicht nur dumm, sondern auch vorlaut. Die kam wirklich vom Mond.

Sie drehte sich weg, zum Fenster. Die Krähen waren verschwunden.

»Nicht jeder Gedanke verdient es, artikuliert zu werden.«
Jetzt umdrehen.

»Tabea, sollten Sie auf dem Gymnasium bleiben wollen, prüfen Sie bitte in Zukunft, ob Sie wirklich etwas Substanzielles zum Unterricht beizutragen haben.«

Mitten ins Gesicht.

»Und zwar bevor Sie den Mund aufmachen.«

Immerhin war die jetzt mundtot.

»Und finden Sie Ihre Blutgruppe heraus. Und die Ihrer Eltern. Samt Rhesusfaktor.«

Das Pausenklingeln.

»Sie alle, zur nächsten Stunde.«

Mal sehen, ob wieder ein Kind dabei war, das danach keinen Vater mehr hatte. Sie war auf der sicheren Seite. Stand alles im Lehrplan. Und war lebensnäher, als die Textaufgabe mit den vertauschten Babys auf der Entbindungsstation. Außerdem wurde doch immer Praxisnähe gefordert. Es gab nun mal bestimmte zwingende Eltern-Kind-Zuordnungen. Die Wahrheit war zumutbar. Auch Kindern. Gerade Kindern. So früh es ging. Die Bernburgerin hatte ihr einmal unter die Nase gerieben, dass ihr schöner Sohn gar nicht von ihrem Mann sei. Ins gemachte Nest. Neun Monate einen Keimling mit sich herumzuschleppen, konnte einen sehr sicher machen. Und mächtig. Nicht nur die Fortpflanzung war weiblich, auch der Wissensvorsprung. So schön war der Sohn der Bernburg gar nicht. Eher eine Erinnerung an schöne Stunden. Bei einem zweiten Kind hätte es ohnehin Probleme gegeben. Das hatten sie ihr damals gleich gesagt. Claudia war rhesuspositiv. Sie rhesus-negativ. Antikörperbildung. Ein Kind hatte ihnen gereicht. Kleinvieh macht auch Mist. Wolfgangs Worte. Sie hatte ein Souvenir wie die Bernburg nicht nötig.

»Sie können gehen.«

Alle stürzten hinaus. Und Erika? Worauf wartete die denn? Sie ging ganz langsam am Lehrertisch vorbei. Als ob sie das mit Absicht machte.

Fester Blick. Ihre grünen Augen.

»Danke.« Ganz leise.

»Bitte.« Sie würde es bestimmt keinem erzählen.

Im Lehrerzimmer hockte Thiele. Ganz allein.

»Gar kein Unterricht?«

Er hob die Hand. Es sah aus, als ob er abwinkte.

»Nee, ich hab jetzt 'ne Freistunde. Die Zwölf hat heute die ersten beiden Stunden Berufsvorbereitung.«

Was die da wohl machten? Wahrscheinlich Besuch im Arbeitsamt. Lernen, wie man Hartz-IV-Anträge ausfüllt. Sie warf den Stapel Tests auf den Platz neben ihm. Zuoberst lag Erikas Blatt. Ihre Jungsschrift. Groß und eckig. Kaum Rundungen und Schlaufen. Sie hatte tatsächlich fast alles richtig. Diese Korrektur würde sie sich bis zum Schluss aufheben. Das nächste Blatt. Jakob. Wo war der Rotstift? Thiele konnte einen wahnsinnig machen. Die Zeitung lag vor ihm. Aber er trommelte auf seiner Brotdose und guckte Löcher in die Luft.

»Und: Was hattest du gerade?« Er wusste nichts mit sich anzufangen. Ein ausgesetztes Tier. Zum Erbarmen.

»Bio in der Neunten.«

»Mhm.« Ein Nicken. Er sah wirklich schlecht aus. Kattner

hatte ihm noch vor den Herbstferien sein Kabuff weggenommen. Angeblich war das irgendeine Umnutzungsmaßnahme. Wohl eher eine Umsiedlung. Ohnehin spielte er sich mächtig auf in letzter Zeit. Ihr hatte er verbieten wollen, im Sport die Verlierer an die Tafel zu schreiben. Aber wer sonst sollte nach dem Unterricht die Matten und Geräte wegräumen?

»Also ich hatte die Elf. Ja, die Elf hatte ich. Allerneueste Geschichte. Grenzt ja schon fast an Sozialkunde. Weißt du, das ist gar keine richtige Geschichte. Geschichte, das muss ordentlich abgehangen sein. War ja alles erst gestern ...«

Jakob fehlten schon zehn von dreißig Punkten. Und sie war erst bei der dritten Frage.

»Und du?«

Jetzt rückte er näher, nahm ein Blatt vom Stapel und begutachtete es.

»Ah, Genetik ... Mendel und so.« Er schien irgendwas auf dem Herzen zu haben.

»Weißt du, was verrückt ist, Inge?« Er legte das Blatt wieder zurück. »Ich hatte gar keine Genetik in der Schule! Nur Mitschurin und Lyssenko.«

»Ach.« Der Gartengott und der Barfussprofessor. Sprossmutanten und Weizen aus Odessa.

Die Tür ging auf. Meinhard kam rein. Er nickte und platzierte sich geräuschlos. Erstaunlich, bei seiner Leibesfülle. Thiele breitete die Zeitung aus. Sie schrieb die Note unter die letzte Antwort. Der erste war erledigt. Nächster Kandidat. Tom, dumm wie ein Konsumbrot. Wenn sie sich beeilte, war sie bis zur großen Pause mit der Korrektur durch.

Thiele fing an zu kichern. »Mitschurin hat festgestellt, dass Marmelade Fett enthält.«

Das kannte sie auch.

»Drum essen wir zu jeder Speise, Marmelade eimerweise.« Sie beide, im Chor. Auch so ein Reflex. Bruder Jakob für Jungpioniere. Kinderferienlagerlieder. Die Vierfruchtmarmelade gab es aus Pappeimern. Und Hagebuttentee aus riesigen Kübeln. Von der Sowjetunion lernen heißt siegen lernen. Das prägte einen fürs Leben.

»Wir hatten alles. Schulgarten und Mitschurin-Zirkel. Sogar einen Klub der Agronomen.« Er schob seine knochigen Hände über die Tischplatte.

»Mitschurin, nie gehört. Wer war das denn?« Meinhard kam wirklich aus dem Muspott.

»Mitschurin hat Hunderte von neuen Obstsorten gezüchtet. Frostfest und ertragreich.«

Manche sogar wohlschmeckend. Winterbutterbirne. Anderthalbpfündige Antonowka.

»Ja, der hat einfach alles miteinander gekreuzt.« Thiele, ganz begeistert. »Erdbeeren mit Himbeeren, Mandelbaum und Pfirsich. Sogar Kürbisse mit Melonen. Liebesheiraten von verschiedenen Pflanzenarten! So nannte man das.«

Von wegen Liebesheirat. Organismen, die zur Kreuzung gezwungen wurden. Zwangsheirat war das. Obst mit Gemüse. Es war geradezu unsittlich.

»Wisst ihr, wie er gestorben ist?« Thiele grinste schon mal vorsorglich.

Ganz alter Witz. »Ich weiß. Beim Sturz von einer selbstgezüchteten Erdbeerstaude.«

»Genau!« Thieles heiseres Lachen. Raucherhusten. Sein Brustkorb bebte.

Meinhard schien immer noch unbeeindruckt.

Sie legte den Rotstift beiseite.

»Mitschurins größtes Verdienst war, dass er für jede Nutzpflanze den geeigneten Pfropfpartner gefunden hat.« Sprossmutanten. Die Vermischung der Säfte. Eine Form der Veredelung. Das Prinzip war sogar in der Schule beliebt. Man setzte einen Idioten neben einen Streber und hoffte darauf, dass der auf ihn irgendeinen positiven Einfluss hatte. Der Lehrer als Gärtner. Nicht umsonst hieß das Baumschule. Unkraut jäten und auf die Ernte hoffen. Eines Tages. Nur wuchsen die Köpfe der Klügeren leider nicht auf dummen Körpern an. Pfropfung war da zwecklos. Und wessen Kopf sollte das sein? Lauter Annikas wollte sie auch nicht in der Klasse sitzen haben. Aus einem Kirschkern einen Baum zu ziehen dauerte eine Ewigkeit. Und je mehr Ableger man bekam, desto geringer war der Ertrag. Die Martenskinder hatten ja auch ziemlich mickrige Köpfe.

Meinhard packte sein Pausenbrot aus, als ob er nun Bescheid wüsste. Dabei hatte er keine Ahnung.

Sie war noch nicht fertig. »Man hat damals geglaubt, dass man Pflanzen verändern kann, wenn man ihre Lebensbedingungen genauestens kennt. Also studierte man die Bedürfnisse von Kohl, Kartoffeln und Weizen. Alles nur, um sie dazu zu bringen, ganz neue Ansprüche zu stellen. Selbstverständlich nur die gewünschten.« Ein einziges Entgegenkommen und Entgegenwirken. Die Erziehung der Hirse. Die Eroberung des Brots. Das Land als Labor. Experimente, für die Pflanzen kastriert wurden, um zu verhindern, dass sie sich selbst befruchteten. Eine Armee von Bauern, die mit Pinzette und Pinsel bewaffnet aufs Feld zog, um Staubbeutel zu entfernen und Pflanzen künstlich zu bestäuben. Ein Bienenvolk.

»Hat ja auch geklappt.« Thiele, besserwisserisch. »Die Jarowisation.«

Wie lange sie dieses Wort nicht mehr gehört hatte.

»Die Versommerlichung des Weizens.«

Das Getreide noch vor der Aussaat in Keimstimmung gebracht. Samen, die rund um die Uhr beleuchtet wurden, mit Schwarzlicht bestrahlt, in Bottichen eingeweicht. Riesige Lagerhallen. Offene Fenster bei Minusgraden.

Meinhard kaute und nickte, aber machte immer noch nicht den Eindruck, als ob er begriff. Wie auch? Er war ja ohne Patenbrigade groß geworden, kannte keine Ernteeinsätze, keine Kartoffelferien. Bestimmt hatte er noch nie auf dem Feld gearbeitet. Der wusste gar nicht, wovon sie sprachen.

»Salopp gesagt: Man glaubte, dass man Weizenkeime, wenn man sie vorher in den Kühlschrank legte, auch in Sibirien anbauen konnte.«

»Verstehe.«

Sah aber nicht so aus.

»Die Sache hat natürlich nicht ganz funktioniert. Und wenn mal irgendwas klappte, dann übertraf der Aufwand den Nutzen bei weitem.«

»Stimmt doch gar nicht.« Thiele, in Kampfstimmung.

»Ach, komm schon. Lyssenko hat doch alles gegen die Wand gefahren. Von wegen schöpferischer Darwinismus. Das war die reinste Kolchosebiologie. Naturgesetze galten nichts. Die Praxis wurde geschönt und grundlegende theoretische Erkenntnisse missachtet. Theorie war da zweitrangig.«

»Aber die Theorie haute doch hin!« Thiele meinte es ernst.

»Aber eben nur theoretisch.«

»Na, wie denn sonst?« Er war ganz erbost.

»Naja. Die Gravitationstheorie ist ja auch nur eine Theorie.« Jetzt wollte Meinhard auch noch den Vermittler spielen.

»Wahre Worte, mein Freund.« Lob des Älteren. Thiele, der Weise.

Das hatten sie sich so gedacht. So ein Schwachsinn. »Ja, aber offensichtlich halten sich die Planeten daran. Es gibt ja nunmal keine Theorie ohne Praxis.«

»Doch, doch. Das ist dann wie in der Mathematik. Da gibt es eben auch Sachen, von denen man noch nicht weiß, wozu sie gut sind, sondern nur, dass sie faktisch richtig sind. Dass sie in sich stimmen.«

Als ob das was zu bedeuten hatte. In sich stimmte jeder Mensch. Reiner Selbsterhaltungstrieb.

»Auf Mathe kann man sich immer verlassen. Das ist eine saubere Wissenschaft. Die zuverlässigste überhaupt.«

Meine Güte! Ein Hundertfünfzigprozentiger! Kurz nach dem Studium waren sie noch Überzeugungstäter.

»Und so leicht zu korrigieren.« Die Bemerkung konnte sie sich einfach nicht verkneifen. Auf jeden Fall waren Zahlen leichter zu entziffern als Ferdinands Geschmiere hier.

Sieh mal einer an. Meinhard konnte sogar böse gucken.

»Jedenfalls gibt es in der Mathematik keine Fälschungen, das war ...«

»Lyssenko war kein Fälscher.« Thiele war jetzt außer sich. »Der hatte vielleicht nicht so viel Ahnung, aber immerhin eine Vision. Getreide am Polarkreis! Umbau der Natur! Brot für die Welt! Ihr dürft nicht vergessen: Wir waren die Ersten im All. Wir hatten mal die Nase vorn.«

Thieles Thema. Schwarzlichtstrahlung und Weltraumfahrten. Bruderland. Zur Sonne, zum Mond und zu sibirischen

Getreidefeldern, Zuckerrüben in Zentralasien, Erdbeeren in der Steppe. Von der Kolchose in die Zelle. Folge mir auf dem Mitschurin-Pfad. Ein Holzweg. Weizen mit mehreren Ähren auf einem Halm. Schon klar: Wenn sich Sommerhartweizen in Winterhartweizen umwandeln ließ, warum dann nicht Weizen in Roggen und Fichten in Kiefern? »Ist ja alles schön und gut. Aber musste es so viel Blödsinn sein? Was wurde nicht alles verkündet: Dass Bakterien in Viren umgewandelt werden. Und pflanzliche Zellen in tierische. Oder dass Zellen aus toter organischer Materie gewonnen werden können und Blutgefäße aus Eigelb. Oder das Quadratnestpflanzverfahren bei Kartoffeln und die Schweinehütten? Und was war mit den Rinderoffenställen? Angeblich sollte das eine naturhafte Form der Tierhaltung sein. Dass ich nicht lache! Das Vieh stand in seiner eigenen Scheiße und holte sich im Winter den Tod. Die proletarische Biologie wollte vielleicht praktisch orientiert sein, aber zu gebrauchen war sie nicht.« Wenn man Tieren den Schwanz abschnitt, hatten sie deswegen noch lange keine schwanzlosen Nachkommen. Experimente brauchten Zeit. Schlussfolgerungen brauchten Zeit. Alles brauchte Zeit. Aber Zeit hatte keiner. Man wollte schnelle Ergebnisse. Reiche Ernte. Brot auf den Tisch. Dicke Ähren und fette Euter. Die kleinen Jerseybullen mit den dicken Kostromakühen. Aus Scheiße wollten sie Bonbons machen.

Thiele seufzte. »Eigentlich ist die wichtigste Methode des Marxismus-Leninismus, die Dinge zu hinterfragen.«

»Echt? Das hätte ich nun nicht gedacht.« Meinhard war schon merkwürdig. Keinerlei Bartwuchs. Aber Haare in den Ohren. Wenn Rehböcke zu spät kastriert werden, wächst ihnen eine Perücke anstelle eines Geweihs.

»Du hast ja recht, Inge. Ein bisschen zu viel Propaganda. Dabei hätten wir das gar nicht nötig gehabt.«

Zuerst die Kartoffelkäfer, die angeblich amerikanische Flugzeuge abgeworfen hatten, um die Ernte zu zerstören. Einen Pfennig pro Stück. Marmeladegläser voll. Und der Mais, der plötzlich überall angebaut wurde und den Boden mit Stickstoff verseuchte? Die Wurst am Stengel. So ein Blödsinn. Den Weizen mit mehreren Ähren auf einem Halm hatte jedenfalls nie jemand gesehen. Die Mitschurinfelder blieben karg. Ausgedörrte Äcker in sengender Sommerhitze. Am Ende war es wieder der Sperling, der die Einsaat aufgefressen hatte. Und was lernten sie daraus? Der Sperling war ein Wirtschaftsschädling allererster Ordnung. Und: Der Ernteertrag hing im Wesentlichen von der richtigen Aussaat ab. Wenn ein Experiment nicht aufgehen will, muss man eben überlegen, wie man es zu der richtigen Aussage zwingen kann. Worte ihres Genetikprofessors, als er ihre toten Fruchtfliegen entdeckte. Alle hatten gewusst, was er meinte. Durch die Blume. Unverblümt. Kleiner Schubs in die richtige Richtung. Damit die ganze Chose mal aufgeht. Was nicht passt, wird passend gemacht. Auf die Weltformel folgt der Maulkorberlass. »In Budapest haben sie sogar ganze Fruchtfliegenkulturen vernichtet. Als Symbol des Morganismus.«

»Ist ja gut, Lohmark. Deine amerikanisch-kapitalistische Genetik hat ja auch gesiegt.«

Ihre Genetik war das doch gar nicht. Sogar in der Biologie gab es offensichtlich immer noch Glaubensrichtungen.

Thiele war eingeschnappt. Er verschränkte die Arme. Dass er alles immer persönlich nehmen musste.

Meinhard stützte die Ellenbogen auf den Tisch. »Was ich

nicht verstehe: Was ist denn eigentlich an der Genetik so kapitalistisch?«

Blick zu Thiele. Das sollte er beantworten.

»Naja. Zu behaupten, dass alles Anlage ist ...«

Thiele wog seinen Schlüsselbund in der Hand.

»... das Leben vorherbestimmt. Die Schicksalsnummer: Arm bleibt arm und reich reich. Diese bürgerliche Scheiße.«

Immer noch die alten Sprüche.

»Die Umgestaltung der Gesellschaft macht doch nicht vor der Natur halt. Die Natur ist doch ein Teil der Gesellschaft! Die muss genauso revolutioniert werden! Und wenn wir die Umwelt verändern, die Gewohnheiten, dann verändern wir über kurz oder lang auch die Menschen. Das Sein bestimmt das Bewusstsein! Das ist doch klar.«

Die Schlüssel fielen auf die Tischplatte.

»Ich meine, sowas wie die innerartliche Konkurrenz ... das kann doch nur eine Gesellschaft behaupten, in der sie tagtäglich angewandt wird. Das ist doch kein Naturgesetz, sondern ein Konstrukt kapitalistischer Weltanschauung!« Er blühte richtig auf. Seine Ohren waren ganz rot.

»Ach Thiele, wir haben uns doch gegenseitig in die Tasche gelogen. Geleugnet, dass es solche und solche Menschen gibt. Gute und schlechte, faule und fleißige. Man kann einfach nicht aus jedem Bauernkind einen Hochschulprofessor machen. Erziehung ist nicht alles. Von wegen biopsychosoziale Einheit. Wir haben uns die größte Mühe mit den letzten Hoschis gegeben. Die Sommerferien mit denen durchgebüffelt. Alles unbezahlter Nachhilfeunterricht. Aber dass der Sozialismus siegt, das ist eben doch nicht so sicher wie das Fallgesetz.«

Thiele beugte sich vor. »Aber oft hat es eben auch geklappt. Was war mit dieser Meeresbiologin? Die kam doch auch aus so einer Martensfamilie.«

»Nicht ganz so viele Kinder. Dafür mehr Alkohol.« Ausnahme von der Regel.

»Außerdem ...« Thiele stand jetzt auf, schob den Stuhl ran. »... wenn nur das, was absolut wasserdicht ist, gelehrt werden darf, dann könnten wir doch alle Schulen dichtmachen.«

»Aber die Mathematik ...« Meinhard wieder.

Thiele winkte ab. »Ist ja gut. Du wirst auch noch lernen, dass es im Leben was Wichtigeres gibt als deine blöden Gleichungen. Denn eins kann ich dir sagen: Die Wirklichkeit, das Weltgeschehen ist unberechenbar. Da geht plötzlich irgendwo eine Bombe hoch, und schon stecken wir im nächsten Weltkrieg.«

Er stützte sich mit den Händen an der Stuhllehne ab. Es sah aus, als ob er eine Rede halten wollte. Über ihre Köpfe hinweg. »Uns ging es um die Überwindung bestehender Verhältnisse, um die Überwindung der kapitalistischen Gesellschaftsform.«

»Aber die Natur lässt sich nicht überwinden.« Dass er das nicht einsah. Langsam ging er ihr richtig auf die Nerven. Die Arbeiten würde sie wohl später zu Ende korrigieren müssen.

»Wenn sie kapitalistisch ist, schon!« Einfach unverbesserlich. Die Weisheit mit Löffeln gefressen. Je älter die Bullen waren, desto eigener wurden sie.

Meinhard stöhnte. »Mann, ihr seid ja wirklich immer noch voll drin.«

»Sag mal, Freundchen. Wie lange bist du eigentlich schon hier?« Thiele setzte sich jetzt doch wieder. Verhörhaltung.

»Anderthalb Jahre.« Ganz stolz. Als ob das hier Sibiren wäre.

»Und? Wie gefällt es dir in der Zone?«

Das hatte er ihn noch nie gefragt. Warum interessierte ihn das auf einmal?

Meinhard zögerte. War wohl misstrauisch. Kein Wunder.

»Ach, ich weiß nicht. Gut. Sehr gut, meine ich. Ist alles noch nicht so fertig.«

»Siehst du!« Thiele hob den Zeigefinger. Ein alter Schulmeister. »Weil das hier utopisches Land ist.«

Wenn Kommunisten träumen. Wildostphantasien. Jetzt gingen wirklich die Pferde mit ihm durch. Reichtum für alle. Algen aufs Brot. Die Verbrüderung aller Völker. Die Polkappen abschmelzen, die Wüsten bewässern, die Bären zähmen. Das Mittelmeer trockenlegen. Den Krebs abschaffen, das Alter, den Tod. Immerhin war das origineller, als Privatflüge ins All zu versteigern oder Schafe zu klonen. Erst im Frühjahr hatten sie ein Hybrid-Embryo geschaffen. Ein Mischwesen aus Kuh und Mensch, das sie nach drei Tagen und fünf Zellteilungen wieder vernichtet hatten. Der Supermensch war nur eine Frage der Zeit. Man kann dem Geist nicht verbieten, zu denken. Demnächst würden sie wirklich die Köpfe der Klugen auf die Körper der Dummen pfropfen. »Du redest schon wie Kattner.«

»Ach der. Ich sag euch: Kattner wird uns noch alle kaltmachen. Nacheinander. Zum Schluss unterrichtet nur noch er allein.«

Verschwörerblick.

»Ich werde jedenfalls hierbleiben! Bis das Wasser in den Leitungen verfault.«

Er faltete die Zeitung zusammen.

»Und noch was: Das jetzt, hier. Das ist ein kleiner Rückschritt. Aber die kommenden Generationen werden uns recht geben. Die zukünftige Geschichte. Da braucht nur ein bisschen Gras drüberwachsen, und dann wird man sich wieder ranwagen. An eine echte Revolution.« Er lehnte sich zurück. »Mit diesen Lehrbüchern hier kannst du ja nicht arbeiten. Da wird die Wende als Revolution verkauft. Es ist nicht zu fassen. Alles verseucht.«

»Heute wie damals.« War doch wahr.

Thiele stand wieder auf.

»Inge, damals hatten wir einen Grund dazu! Da ging es doch um was. Aber das jetzt ... Eine Annexion friedliche Revolution zu nennen. – Revolution! Das musst du dir mal vorstellen.« Jetzt überschlug sich seine Stimme fast. »Dass ich nicht lache. So unblutig, wie das war! Es braucht Gewalt, um wirklich was zu bewegen. Heute hat ja keiner mehr eine Ahnung, was das bedeutet: zu kämpfen. Für ein Land. Für die richtige Sache. Da müssen Köpfe rollen. Barrikaden brennen.« Er war schon an der Tür. »Was sich heute alles Revolution schimpft, Geschichtsverfälschung ist das!« Unverbesserlich. Letzte Worte. Die Tür schlug zu. Wo wollte er denn hin? Es war noch längst keine Pause.

Auf dem Schulhof standen alle Spalier. Das ganze Volk, nach Jahrgängen geordnet. Links die oberen, rechts die unteren Klassen. Sie passten alle nebeneinander, an der Linie der brüchigen Gehwegplatten. Wenn es wenigstens nach Größe ginge. Die Lehrer neben den Klassensprechern. Wie zu erwarten war, hatte Annika die Wahl gewonnen. Sie stand da, gefechtsbereit. Der Rücken ganz durchgedrückt. Immerhin Haltung. Aus ihr wäre bestimmt eine gute FDJ-Sekretärin geworden. Jetzt fehlte nur noch, dass sie sich alle an den Händen fassten, wie bei der dusseligen Menschenkette, die sie damals gebildet hatten, an der B-Sechsundneunzig entlang. Ein großes Kreuz durch die beiden deutschen Länder. Komisch. Sie wusste gar nicht mehr, wofür das gewesen war. Oder wogegen. Spätschaden vom Besuch all der Massenveranstaltungen. Irgendwann verriet nur noch die Blumensorte, ob das jetzt Erster Mai, Republikgeburtstag oder Lehrertag war. Flieder, Dahlien oder Pfingstrosen.

Da kam ja auch schon der Zeremonienmeister. Kattner trat aus dem Fachgebäude, eilte mit langen Schritten durch den Korridor aus Schülern und Lehrern und stellte sich auf die oberste Stufe vor dem Haupteingang.

Aus seiner Aktentasche holte er eine Pistole, groß wie ein Damenrevolver, und streckte sie gen Himmel. Das war das Zeichen zum Köpfeeinziehen. Kattners Ansprache ans Volk. Jeden ersten Mittwoch im Monat in der großen Pause.

Eigentlich wollte er, dass jedes Mal eine kleine Blaskapelle einen Tusch spielte, aber das hatten sie ihm dann doch noch ausreden können. Das fehlte noch. Mit Pauken und Trompeten. Am Ende war er doch ganz begeistert von ihrer Idee gewesen, seine Mittwochspredigt mit einem Schuss aus der Pistole beginnen zu lassen, die sie erst wieder beim Sportfest im Sommer brauchte. Der Knall. Ein Startschuss.

»Liebe Schülerinnen ...« Kunstpause. »... und liebe Schüler. Nicht zu vergessen: Hochgeschätzte Kolleginnen und Kollegen.«

Immer diese Übertreibungen. Sein Verkäufergrinsen. Rinder verfügten über keine Mimik. Die konnten sich nur mit dem Körper verständigen.

»Die Schule ist – das liegt in der Natur der Sache – ein Ort des Wandels, der Veränderung ...«

Also doch Fahnenappell. Nur ohne Fahnen. Aber dafür mit viel Appell. Lass hundert Blumen blühen, lasst hundert Schulen miteinander wetteifern.

»Hier lernen Sie, fremde Sprachen zu beherrschen ...«

Wenn sie die Augen zusammenkniff, war Kattners Kopf nur noch ein heller Punkt vor den Glastüren. Alles sah genau so aus wie der Schuleingang auf den alten Zwanzigmarkscheinen, den kleinen, grünen Lappen. Darauf Kinder, die aus der Schule kommen, fröhlich in den Nachmittag stolpern. Mit kurzen Hosen, Brotdosen und Ranzen, die am Rücken angewachsen scheinen. Die paar Stufen zu den Glastüren. Eine Treppe für Klassenfotos. Claudias Einschulung. Ihre Zahnlücke über der Zuckertüte. Ganz hinten. Dritte Reihe. Groß gewachsen. Ein Sohn wäre ihr lieber gewesen. Manchmal träumte sie von einem kleinen Jungen. Etwa zehn Jahre. Mit traurigen Augen. Vergrub sein Gesicht in ihrem Schoß. Wie ein Welpe. Und roch nach Kiefern und Seewind.

»... Hier lernen Sie den Kanon der überlieferten Kultur und Geschichte kennen.«

Wo hatte er denn all das abgeschrieben? Hörte überhaupt jemand zu? Meinhards Mondgesicht. Ein Knopf an seinem Trenchcoat war offen. Er sah aus wie eine alte Matrone. Und Thiele stand da, mit hängendem Kopf, wie auf einer Beerdigung. Die Schüler waren erstaunlich ruhig, so angepasst wie noch nie.

Da kam die Bernburg mit der Zwölf anmarschiert. Sie nahmen Aufstellung. Jeder ein grünes Buch unterm Arm.

Kattner nahm keine Notiz, redete unbeirrt weiter. »... Hier werden Sie mit naturwissenschaftlichen Grundlagen vertraut gemacht.«

Was war das für ein Geruch? Die Fenster zu den Klos waren geschlossen. Es stank nach Erbrochenem. Buttersäure. Hatte sich einer auf dem Schulhof übergeben? Alkoholvergiftung. Alle Nase lang.

»Das humanistische Gymnasium ist eine Errungenschaft unserer freiheitlich-demokratischen Grundordnung.«

Humanismus, das war mal ein Schimpfwort.

Hinter ihm ein großer, weißer Fleck an der Wand. Vom Übertünchen der Graffitis. Hauptsache, die Fassade stimmte. Und für Parolen war ja nun er zuständig.

»Denn nur in einer freien, demokratischen Gesellschaft kann das Wissen vermittelt werden, das ...«

Es war doch alles die gleiche Chose. Man nehme demokratisch und frei und ersetze es durch sozialistisch. Raus kam immer die Bildung von allseitig entwickelten Persönlichkeiten. Im Mittelpunkt stand angeblich immer der Mensch.

Früher sollten die Kinder zu fortschrittlichen und friedliebenden Menschen erzogen werden, heute eben zu freien. Dabei war doch Freiheit nichts anderes als Einsicht in die Notwendigkeit. Niemand war frei. Und sollte es auch gar nicht sein. Allein die Schulpflicht. Das war ein staatlich organisierter Freiheitsentzug. Ausgeheckt von der Konferenz der Kultusminister. Es ging gar nicht um Wissensvermittlung. Sondern darum, die Kinder an einen geregelten Tagesablauf und die jeweils vorherrschende Ideologie zu gewöhnen. Das war Herrschaftssicherung. Ein paar Jahre Aufsicht, um das Schlimmste zu verhindern. Das Gymnasium als Stillbeschäftigung bis zur Volljährigkeit. Gute Staatsbürger. Gehorsame Untertanen. Nachschub fürs Rentensystem.

»... Analyse. Interpretation. Selbständiges Handeln. Urteilsfähigkeit. Kritisches Denken ...«

Das kannte sie. Kritisches Denken war immer erlaubt. Nur linientreu musste es sein. Gerade in einem kranken System musste man auf seine Gesundheit achten. Und der Kern aller Gesundheit war die Anpassung.

»... vor allem aber Kreativität!«

Jetzt auch noch dieses Totschlagargument. Kreativität war wie Gott. Nicht zu messen, nicht zu beweisen, also inexistent. Ein Hirngespinst, an das sich die Versager klammerten. Wer nichts konnte, war immerhin kreativ. Und Hauptsache die Schwanneke war selig. Als ob er ihr vor versammelter Mannschaft einen Orden verliehen hätte.

»Die Aufteilung allen Wissens in einzelne, unabhängige Disziplinen ist ja nur behelfsmäßig. Alle Fächer sind letztendlich miteinander verwandt.«

Na und? Was hieß das schon. Alle Menschen waren miteinander verwandt. Mit der Geburt tappte man in die Falle, aus der keiner entkam. Sie alle waren Wesen, die Vater und Mutter hatten. Zwei Menschen, denen man über Jahre ausgeliefert war. Abhängigkeit durch langanhaltenden Freiheitsentzug. Die Stille beim Mittagsschlaf unter dem Dürerhasen. Seine langen Barthaare, das Fensterkreuz in seiner schwarzen Pupille. Die Pfoten beisammen, auf dem Sprung. Irgendwann trat Gewöhnung ein, die man leicht mit Nähe verwechseln konnte. Die ekelhafte Haut auf der erhitzten Milch. Das

Stockholm-Syndrom. Und das Einzige, was sie einem hinterließen, war Erbmasse.

»Wir lernen nie aus ... wir lernen unser Leben lang ... nicht für die Schule, fürs Leben ...« Er war sich wirklich für keinen Kalenderspruch zu schade. Jetzt fehlte nur noch Lenin: Lernen, lernen und nochmals lernen. Der Gestank verzog sich nicht. Am besten durch den Mund atmen.

»... wir gehen ein Leben lang zur Schule.«

Das machten sie ja. Aber was half das schon? Auf die größten Herausforderungen konnte man sich ohnehin nicht vorbereiten. Geboren zu werden, zu wachsen, einen Stoffwechsel zu haben, zu altern. Das konnte man nicht lernen. Das ging alles ganz von allein. Es war ihr immer noch ein Rätsel, warum ihre Eltern zusammen gewesen waren. Zwei Menschen, die aus unerfindlichen Gründen jede Nacht gemeinsam im selben Doppelbett schliefen. Ohne Not. Ein Paar waren sie jedenfalls nicht. Nie gewesen. Und nie geworden. Vater war so früh gestorben. Einfach umgekippt, als ob er nicht den Mut gehabt hätte, von einem seiner langen Waldspaziergänge einfach nicht mehr zurückzukommen. Sie war oft mit ihm unterwegs gewesen. Beobachteten Tiere und sammelten Pilze, die ihnen die Mutter widerwillig zubereitete. Und jede Feder, die sie fanden, stopften sie in einen Beutel, den sie im Frühjahr auf der Wiese ausschütteten. Als Unterstützung für die Schwalben beim Nestbau. Einmal hatte sie dabei sein dürfen. Im Heer von Treibern Knüppel an die Stämme geschlagen. Das Schwarzwild vor die Flinten gescheucht. Im Dickicht die Gewehre der Jagdberechtigten, der Parteimitglieder, seiner Kollegen. Ein Privileg seines Amtes. Parteikreisleitung. Was er wirklich arbeitete, wusste wohl nicht mal ihre Mutter.

»... Wir leben in einer Wissensgesellschaft, Bildung ist das höchste Gut ...«

Dass immer in Bildung investiert werden sollte. Wer studierte, ging doch sowieso weg. Der Bildungstrieb, das war Zeugung, Ernährung und Reproduktion. Lob der Einehe. Dilemma der Arterhaltung. Zellen, die sich vermehrten und abstarben. Protoplasmaklümpchen. Winziges Kämmerchen, mikroskopische Einheiten, stark vergrößert. Omnis cellula e cellula. Aus lauter Einzelteilen ein Ganzes. Hochgradige Arbeitsteilung. Jeder Organismus eine außerordentlich komplizierte Maschine. Ein Staat, in dem jedes kleinste Teil seine Aufgabe hat. Kolonien genetisch identischer Einzelzellen. Das Zusammenleben von Zellen auf Kosten anderer. Der bessere Staat. Das schönere Land. Unsere Heimat. Im Osten geht die Sonne auf. Vaters Worte. Hin zum Licht. Pflanzengleich.

»... Wir machen diese Schule fit für die Zukunft ...«

Einmal durfte sie mit ihm über die Grenze. In seine Geburtsstadt. Neues Verkehrsnetz, zweckmäßige Blockbebauung, der Markt wie ein Kraterloch. Nichts erkannte er wieder. Am Bahnhof der Name, ins Polnische übersetzt. Erstaunlich eigentlich. Nur weil dieselbe geographische Position immer noch besiedelt war. Man müsste die Städte umbenennen, wenn sich die urbane Erbmasse zu stark veränderte. Das war nicht mehr dieselbe Stadt. Eine ganz neue Art.

»... Und nur gemeinsam ...«

Kooperationen mit der Staatsmacht. Die gegenseitige Hilfe im Tier- und Menschenreich. Kooperatives Verhalten wurde mit Kooperation beantwortet. Wie du mir. So ich dir. Manchmal gingen Kojote und Dachs zusammen auf Erdhörnchenjagd. Der Dachs grub die Löcher, um die Tiere aus ihren Bunkern zu locken. Am Ausgang schlug dann der Kojote zu. Beim Fressen ließ er oft dem Dachs den Vortritt. Manchmal fraß er aber auch den Dachs auf. Zusammenarbeit war immer ein Risiko.

»... Und nur gemeinsam, miteinander und ...«

Ein Geben und Nehmen. Was Kattner wohl meinte? Früher bekamen die Hühner den Rinderdung und die Rinder den Hühnerkot zu fressen. Eiweiß gegen Biomasse. Unverdaute Energien, brachliegende Talente.

»... Entwicklung hat nicht nur mit Wachstum zu tun ...«

Zellerneuerung um jeden Preis. Dienst nach Vorschrift. Reibungsloser Ablauf. Die Zelle war politisch. Die Familie die kleinste Zelle der Gesellschaft. Die Pyramide der Lebensalter. An der Spitze stand die Familie. Welche Familie? Sie hatte einen Mann, der Strauße liebte, und eine Tochter, an die sie sich kaum noch erinnern konnte. Die Zelle, der Ort aller Krankheiten, allen Übels. Dass Vater einfach so gestorben war. Ihre Haare waren weiß geworden. In ein paar Wochen nur. Plötzlicher Melaninrückgang. Sie war gerade dreißig. Claudia im Ferienlager. Wie erschrocken sie war, als sie zurückkam. Das Kind hätte sie beinahe nicht erkannt.

»Ganz im Gegenteil: Wir schrumpfen. Aber wir schrumpfen uns gesund ...«

Dieser Gestank war wirklich bestialisch. Ein paar hielten sich schon die Nase zu. Die Schwanneke hatte anscheinend ihren Geruchssinn verloren. Sie grinste immer noch in alle Richtungen.

Das Jahr darauf hatte sie Claudia im Unterricht. Heute war sowas gar nicht mehr erlaubt. Dabei hatten viele Kollegen ihre eigenen Kinder in der Klasse gehabt. Claudia hatte sicher nicht darunter gelitten. Man wusste, wo man hingehörte. Hatte sein Einkommen. Wusste das Kind versorgt.

»Aber das hier ... das ist keine Leere. Das sind unerschlossene Möglichkeitsräume ...« Er redete schon wie Thiele. Die gleichen Gesten, das gleiche Pathos. Das Blaue vom Himmel.

»So viel Platz – Platz für Neues, Platz für Ideen!« Er breitete die Hände aus. Er hätte Pastor werden sollen. Pfarrer Kattner. Schon am Mittwoch das Wort zum Sonntag.

Endlich fiel ihr ein, was so stank. Der Ginkgobaum! Dass sie nicht früher darauf gekommen war! Es waren die aufgeplatzten Früchte, das faulige Samenfleisch. Ein beißender, ranziger Geruch. Das Ungetüm von einem Baum war ein Überbleibsel des alten Schulgartens, als Zierde gedacht. Mit Plakette und Sinnspruch. Eins, das sich teilt. Weder Laub- noch Nadelbaum. Im Goethejahr neunzehnhundertzweiundachtzig aus einem Samen gezogen. Goethebaum. Goetheknochen. Er hatte wirklich gedacht, er hätte den Zwischenkieferknochen gefunden. Das Erforschliche erforscht. Ob es ein männlicher oder weiblicher Baum war, wusste man erst nach zwanzig Jahren, wenn er die ersten Früchte trug. Fast wie beim Meerschweinchen. Seit ein paar Jahren war der Ginkgo geschlechtsreif und verpestete jeden Herbst die Luft. Elender Nacktsamer.

»Von euch, liebe Schülerinnen und Schüler, hängt es ab, was aus dieser Region wird.«

Appelle an das Bewusstsein. Jungvolk, hört die Signale! Scheitern als Chance.

»Eure Generation ist es, die ...«

Immer hing es von den kommenden Generationen ab. Der Jugend wurde wieder mal die Zukunft verkauft.

Der Wind stand ungünstig. Unerträglich, dieser Gestank! Man könnte Kupfernägel in den Stamm schlagen. Aber wahrscheinlich würde er selbst dann nicht eingehen. Diese Bäume waren ja nicht kaputt zu kriegen. Lebendige Fossilien wie die reglosen Riesenechsen auf den Galapagos-Inseln. Ein Ginkgo hatte selbst Hiroshima überlebt. Der konnte tausend Jahre alt werden. Wie diese Mammutbäume, die sie mit Claudia besichtigen wollten. Aber dann sind sie doch nicht nach Norden gefahren. Bäume aus der Vorzeit. Dieses Land war ja eine einzige Urzeitlandschaft. Alles zu groß, zu weit. Täler und Wüsten, Tagesreisen, Wochenreisen groß. Viel zu unübersichtlich. Sie hatten alle Möglichkeiten gehabt, als sie diesen Kontinent entdeckten und besiedelten. Und was war schließlich dabei herausgekommen? Häuser aus Pappe und Holz. Dagegen war selbst ihr Haus massiv. Zimmergroße Kleiderschränke, fünfspurige Autobahnen, ausgestorbene Bürgersteige und Straßen, die wie Fernsehserien hießen. Und Städte, die es nur gab, weil die Klimaanlage erfunden worden war. Die Fremdenführerin mit einem dieser arglosen, amerikanischen Gesichter, in dem noch die Reste der Physiognomien ausgewanderter Europäer zu erkennen waren. Ein Volk von Einwanderern. Claudia übersetzte. Ständig forderte sie einen auf, sich umzusehen. Sie redete die ganze Zeit über das Wasser. Das Wasser, das hier mal war, der riesige Ozean. Und behauptete, dass diese Wüste nichts anderes als der Grund eines riesigen Meeres war und diese bizarren, roten Berge eine unterseeische Hügelkette. Aber da war nur tote Landschaft. Kakteen, von Spechten durchlöchert, die in ihnen nisteten. Später, im Reservat, hockten dicke Indianerweiber vor Wohncontainern. Zaun um unfruchtbares Land, auf dem sie Plastiktüten anzubauen schienen. Man durfte sie nicht anschauen, nicht ihre Gräber fotografieren. Überall Verbotsschilder. Land der Freiheit.

Es klingelte. Ende der großen Pause. Aber nicht groß genug für Kattner. Das letzte Mal hatte er auch minutenlang überzogen. Macht des Alleinherrschers. Demokratie predigen und den eigenen Willen durchsetzen. War ja auch egal, wie man das nannte. Gerecht war es jedenfalls nicht.

»Seid wild! Bleibt hier! Verändert was! Schafft Perspektiven!« Das kannte sie. Gegen Ende lösten sich alle Reden immer in Parolen auf. Gar keine Staatsform wäre das Allerbeste. Es würde sich alles schon von alleine organisieren.

Tante Anita hatte es wieder einmal gut mir ihr gemeint. Eine riesige Portion. Königsberger Klopse. Altbewährte Schulspeisungsspeise. Der Teller war randvoll. Man musste aufpassen, dass einem die Soße nicht aufs Linoleum kleckerte.

Sie war früh dran. Der Lehrertisch noch leer. Hinten ein paar Schüler. Es war geradezu friedlich. Endlich allein. Es schmeckte sogar.

Ein Schlüsselbund klatschte auf die Tischplatte. Mit einem geflochtenen Bändchen dran.

»Mahlzeit, zusammen!« Auftritt Schwanneke. »Ich komm mal gleich zu Ihnen. Ich darf doch ...«

Warum sie überhaupt fragte? Eine Heimsuchung. Nirgends war man vor der sicher. Anscheinend war sie immer noch überschäumend guter Laune. Beseelt von Kattners Predigt. Sie setzte sich und schälte sich aus ihrem Mantel.

»Der Direktor hat schon recht. Man lernt tatsächlich nie aus, nicht wahr?«

Was für ein Papagei. Musste alles nachplappern.

»Wir gehen wirklich ein Leben lang zur Schule.« Sie faltete die Serviette auseinander, drapierte sie auf ihrem Schoß.

Langsam wurde das Essen kalt. Anscheinend hatte sie keinen großen Hunger. Vielleicht auf Diät. Solche Frauen waren ja immer auf Diät. Gekocht habe ich nichts, aber guck mal, wie ich daliege.

»Frau Schwanne-k-e?« Dass die Schüler immer die letzte Silbe ins Unendliche ziehen mussten. Bei ihrem Namen ging das glücklicherweise nicht.

Ein Mädchen. Kleine Nase, große Augen. Dünner Mund. Dem Siezen nach zu urteilen, zehnte Klasse. Das Duzen gab es ja erst ab der Elf.

»Ja-a-a?« Gleiche übertriebene Betonung. Die Schwanneke drehte sich mit dem ganzen Oberkörper. Extra langsam. Wie sie das genoss.

»Müssen wir das Gedicht wirklich schon morgen vorstellen?«

»Aber Karoline, das hatten wir doch so vereinbart.«

Was für große Zähne die Schwanneke hatte. Das rosa Fleisch hatte sich zurückgebildet.

»Ich hab aber erst den Anfang.«

»Aber das ist doch superklasse. Dann besprechen wir morgen in der Stunde, wie es weitergehen könnte. Ja?«

Anbiederung allererster Güte.

»Danke, Frau Schwanneke.«

Fehlte nur noch, dass das Mädchen einen Knicks machte. Die konnte doch nicht wirklich so beliebt sein.

»Achja, die lieben Schüler ...« Sinnierender Singsang. Sie zerdrückte ihre Kartoffeln.

»Das sind schon alles irgendwie meine Kinder.«

Man brauchte gar nicht zuzuhören. Es war immer dasselbe Lied. Die Gabel wanderte zum Mund. Endlich stopfte sie ihn mit ein paar Bissen.

»Einige von ihnen muss man ...« Sie kaute beim Reden. »... das ist mir vor kurzem klar geworden – lieben ...« Sie schluckte. »... um sie zu ertragen.« Sie sollte aufpassen. Einem sprechenden Tier konnten sehr leicht Speisebrocken in die Luftröhre geraten.

»Wenn die vor einem stehen, so ganz verzagt und klein, manchmal auch ein bisschen frech, dann gibt es doch eigentlich nur zwei Möglichkeiten ...«

Sie war der lebende Beweis, dass der Mensch sich nicht durch Vernunft, sondern durch demonstrative Sprachfähigkeit vom Tier unterschied.

»Abhauen oder ...«

Dieser Blick. Als ob sie sich entschuldigte.

»... lieben.«

Dieser Mensch kannte keine Scham. Der Lippenstift war schon verblasst, aber die Umrisslinien standen noch da. Helles Puder, das die Poren verstopfte. Sehnsucht nach einer großen Bühne.

»... und ich habe mich immer für die Liebe entschieden.«

Pathos in der Stimme. Sie hätte wirklich Schauspielerin werden sollen. War sie ja auch. Sich öffentlich an den eigenen Hormonschwankungen berauschen.

»Ich meine, Gedanken auszutauschen ist eigentlich etwas sehr Schönes. Und ...« Kokettes Lachen. Diese Zähne. Zum Fürchten.

»... etwas sehr Intimes.«

Warum erzählte sie ihr das? Was wollte sie denn? Weit und breit kein Rampenlicht, kein Publikum, keine Aussicht auf Applaus. Aber wer keinen Geruchssinn hatte, dem fehlte auch sonst jegliches Gespür.

»Der pädagogische Eros.« Sie schmatzte genüsslich.

Klar, wer die Kinder nötigte, dass sie einen beim Vornamen nannten, nahm sie auch zum Kuscheln mit ins Bett. Zupackender Sportlehrergriff. Hilfestellung, wo die Sporthose besonders kurz war. Unterste Schublade. Heruntergezogene Kinderschlüpfer. Schule zum Anfassen. Das wollten sie doch immer.

»Ach.« Hand zum Mund. Die Schwanneke war plötzlich erschrocken.

»Jetzt hab ich doch glatt vergessen, dass ich kein Fleisch mehr esse.« Sie rollte einen Klops zum Tellerrand. Man konnte nicht weggucken.

Claudia hatte auch mal so eine Phase gehabt. Wolfgang war gerade arbeitslos geworden. Die Tierproduktion wurde abgewickelt. Und seine Tochter aß kein Fleisch mehr. Geschmacklos. Aber Inge Lohmark briet niemandem eine Extrawurst. Weder in der Schule noch zu Hause. Claudia hat dann auch nicht lange durchgehalten. Der Klops rollte zurück.

»Ich meine, das ist ja auch eine Umweltbelastung. Der Treibhauseffekt. Das sind ja richtige Klimakiller. Das ganze Methanol.«

So dumm, dass es weh tat. Wo hatte sie denn das wieder aufgeschnappt? Da hatte sie wohl mal nachts nicht schlafen können und sich von einer besonders bedeutungsschwangeren Fernsehstimme in die Bewusstlosigkeit quatschen lassen. Früher das Ozonloch. Von dem hatte man auch lange nichts mehr gehört. Heute der Klimawandel. Bei ein paar Milliarden Jahren Erdgeschichte konnte es schon mal zu klimatischen Veränderungen kommen. Ohne Erwärmungen würde es die Menschen gar nicht geben. Allein dieser unerträgliche Tonfall im Ökologiekapitel. So schuldbewusst. Nur darauf aus, schlechtes Gewissen zu züchten. Apokalypse übermorgen. Wie in der Kirche. Nur ohne Paradies. Moral hatte in der Biologie genauso wenig zu suchen wie Politik. Als wäre der Mensch das einzige Lebewesen, das seine Umwelt zerstört. Alle Organismen taten das. Jede Spezies verbrauchte Raum und Ressourcen und hinterließ Abfall. Jedes Lebewesen nahm einem anderen den Lebensraum weg. Wo ein Körper war, konnte kein anderer sein. Vögel bauten Nester, Bienen Waben, Menschen Fertighäuser. Ein natürliches Gleichgewicht gab es nicht. Der Stoffkreislauf, der alles am Leben hielt, entstand nur durch Ungleichgewicht. Die Sonne, die jeden Tag aufging. Ein gewaltiges Energiegefälle, das uns am Leben hielt. Gleichgewicht, das war das Ende, der Tod.

Jetzt fing die Schwanneke trotzdem an, den Fleischball mit der Gabel zu zerteilen.

»Die armen Tiere.« Sie stöhnte. Als ob sie den Klops meinte.

Wie blöd konnte man eigentlich sein? Außerdem war das Überleben in der Wildnis ja auch kein Zuckerschlecken, der Tod dort draußen brutal. Ein gewaltsamer Tod war das allernatürlichste. Was sollten wir denn bitteschön machen mit all den Tieren, den Ergebnissen selektiver Zucht und kontrollierter Kreuzung? Rinder waren eine Erfindung des Menschen. Das waren Milchmaschinen, weidendes Fleisch mit sieben Mägen. Wir hatten sie gezüchtet. Jetzt mussten wir sie auch aufessen.

»Sie haben es gut. Wann kommt denn nun eigentlich Ihre Tochter wieder?«

»Bald.«

Perfide Person.

Wie scheinbar beiläufig sie diese Frage platzierte. Messer von hinten. Was bildete die sich ein? »Und Ihr Mann?« Na also. Volltreffer. Die Kartoffel fiel von der Gabel zurück auf den Teller. Besteckgeräusche. Hoffentlich war jetzt Ruhe.

»Er hat eine andere.« Natürlich. Bekenntniswahn.

»Sie ist jünger.«

Hose runter.

»Und jetzt auch noch schwanger.«

Nicht gerade originell.

»Ich kann keine bekommen.«

Wer keine Scham kannte, bekam auch keine Kinder. Selbstentblößung, Selbstentblödung.

»Als ich klein war, da habe ich meine Mutter gefragt, wie man eigentlich ein Kind bekommt?« Sie zog die Luft ein. Noch auf dem Sterbebett würde sie Reden schwingen. Was denn nun noch?

»Und dann hat meine Mutter gesagt ...« Der Mund zitterte. Die machte es auch nicht drunter. Dass ausgerechnet die Mitmenschen, die sich ihres Feingefühls rühmten, einem so penetrant ihre Gefühle aufdrängen mussten. »... wenn man es sich ganz doll wünscht.« Jetzt war sie nicht mehr zu halten. Wirklich hemmungslos. Dabei war sie doch schon nackt. Nicht hingucken. Das spornte nur an.

»Inge.« Sie zog die Schultern hoch.

»Inge.« Lippenbewegungen. Kaum Stimme. Sie heulte doch nicht etwa?

»Ich darf doch Inge sagen?«

Erpressung war das. Alles mit Absicht.

»Ja, darfst du.« Was sollte man schon sagen? Der Wasserkreislauf war mächtig. Missbrauch beim Mittagessen. Was denn nun? Ein Schluchzen. Ihre mageren Hände. Sie fiel ihr um den Hals. Eine Umarmung. Ein Klammergriff. Ihre Brüste, weich und warm.

An der Haltestelle hatten sich heute schon früh die Fahrschüler zusammengerottet. Der Bäcker um die Ecke hatte dichtgemacht. Der einzige Ort in Schulnähe, wo man noch sein Taschengeld lassen konnte, war der Zigarettenautomat in der Steinstraße.

Die Jungs tippten lustlos auf ihren Handys herum, die Mädchen wippten zu Musik aus Ohrstöpseln und waren unauffällig. Selbst Ellen wurde in Ruhe gelassen und war in ein Buch versunken. Weit und breit kein Auto. Mitten in der Woche Sonntagsstimmung. Wer fehlte, war Erika.

Wo blieb sie denn? Inge Lohmark stellte sich so hin, dass sie sowohl die Stadtseite als auch den Weg zur Schule im Blick hatte. Den Wall, die Straße zum Markt. Nichts. Fehlanzeige. Der Bus kam. Alle stiegen ein. Nicht mal Gerangel. Das dumme Gesicht des Busfahrers. Sie schaute sich noch mal um.

»Fahren Sie. Ich hab was vergessen.«

Die Türen schlossen sich.

Der Bus fuhr ab. Ohne sie.

Jennifers verwundertes Gesicht durch die Scheibe. Was nun? Es war wirklich kalt. Und so dunkel. Novemberwetter. Über die Straße.

Der Schulflur war dunkel. Nirgendwo mehr Unterricht. Und noch kein Volkshochschulkurs. Gespenstische Stille. Schlanke Eisenstreben, ein Gitter, die Treppe hoch. Eine Hand am Geländer. Die in Beton gegossenen Steine der Fensterbänke.

Sie war allein hingegangen damals. Mit niemandem hatte sie darüber gesprochen. Mit wem auch? Das mit Hanfried war vorbei. Und Wolfgang ging es nichts an. Eine Unterleibsgeschichte. Ein kleiner Eingriff mit Übernachtung im Krankenhaus. Er hatte ohnehin den Kopf voll. Eine unruhige Zeit war das. Die Grenzen offen. Das Geld neu. Jahrzehntelang war die Pflanzenproduktion bevorzugt worden. Das rächte sich jetzt. Aufstand der Viehpfleger. Keiner wusste, wie es weiterging. Lauter Leute, die behaupteten, sie hätten Ahnung. Erst hieß es noch, dass eine neue Milchviehanlage gebaut werde. Und dass sie auf Leistungsfütterung umstellen sollten. Der Arzt meinte, sie wäre schon drüber. Aber dann hatte er es doch gemacht. Es galt ja noch die Übergangsregelung. Er sah gut aus, obwohl er eine Glatze hatte. Bestimmt nicht von hier. Die wenigen Haare standen ab wie kurze elektrische Drähte. Die Schwester rasierte ihr die Scham und hielt ihre Hand. Bis die Spritze wirkte. Das Erste, was sie sah, als sie aufwachte, war das Milchglas der Krankenhausfenster. Die geriffelten Scheiben in der Tür. Wie die Küchentür bei ihren Eltern. Ein Schleier aus Spinnweben. Dünne Pergamentseiten in Fotoalben. Geht ein Frosch in ein Milchwarengeschäft. Fragt die Verkäuferin: Na, kleiner Frosch, was möchtest du denn? Sagt der Frosch: Quark. Claudia musste jedes Mal lachen. Schon als Kind. Und selbst später noch. Ihr Lieblingswitz. Gab es überhaupt Milchwarengeschäfte? Damals vielleicht. Die Molkereien hatten dichtgemacht. Von heute auf morgen wussten sie nicht mehr, wohin mit der Milch. In der Schule tranken alle Cola. Und als sie nach der Weideperiode die Rinder wie jedes Jahr abliefern wollten, gab es den Schlachthof nicht mehr. Und keine Stallplätze für den Winter. Sie wussten einfach nicht, wohin mit den Kühen. Fliegende Händler holten sie für Spottpreise. Die Milch schütteten sie auf den Acker. Ein zweites Kind hätte sie nicht mehr verkraftet. Claudia war in der Pubertät. Und Wolfgang kämpfte um seinen Arbeitsplatz. Um Milch zu geben, musste eine Kuh ein Kalb geboren haben. Erst eine Kuh, die Milch gab, war eine Kuh. Und nur eine Frau, die ein Kind geboren hatte, war eine Frau. Antikörper. Falscher Rhesusfaktor. Es hatte einfach nicht gepasst. Sie hatte Claudia geboren und gefüttert. Ihre Pflicht erfüllt. Was hätte sie mehr tun können? Stillen ging nicht. Milch hatte sie keine gehabt. Die Schamhaare wuchsen schnell wieder nach. Erstaunlich, dass sie sich an manchen Körperstellen mit einer bestimmten Länge begnügten. Das genetische Programm.

Wie kalt ihr plötzlich war, ein Schauer über den Schultern, Gänsehaut auf dem Kopf. Aber das war normal. Ein Relikt aus der Vorzeit, als der Mensch noch Fell trug. Die aufgerichteten Haare ließen einen stärker aussehen, wenn man einem Feind gegenüberstand. Es gab keinen Feind. Alles war gut. Was war schon normal? Manchmal war die Regel die Ausnahme. Blütenlose Pflanzen, die Jungfernzeugung bei Blattläusen. Vögel, die nicht fliegen konnten. Sie könnte sich scheiden lassen. Dass sie noch nie daran gedacht hatte.

Scheppernde Geräusche. Eine Tür stand offen. Eine Reinigungsfrau stellte die Stühle hoch. Dass sie immer noch diese Dederonschürzen tragen mussten. Bohnerwachs. Das stank noch schlimmer als die Ginkgosäure.

Hanfried war ihr erst gar nicht aufgefallen. Eine Bürgerinitiative. Endlich mal ein Subbotnik, der wirklich freiwillig war. Wolfgang machte nicht mit. Es war ihm zu heikel. Sie räumten den Müll aus den Söllen und pflanzten Bäume an dem Feldweg hinter dem Neubaublock. Ackerrandstreifen. Hans war anfangs dabei gewesen. Claudia auch. Zusammen mit den spindeldürren Pfarrerskindern.

Hanfried holte immer die Bäume. Wildlinge. Feldahorn, Buchen, Kastanien. Vom Förster. Manchmal kam sie mit. Sie hatte wirklich nicht damit gerechnet, noch einmal schwanger zu werden. Vergessen, dass sie noch Kinder kriegen konnte. Claudia hatte schon ihre Tage. Der Zyklus des reifenden Eis. Das hatte nichts mehr mit ihr zu tun. Eigentlich fiel es ihr erst später ein. Als sie beim Röntgen unterschreiben musste: Nicht schwanger. Eine Unterbrechung, als könne man die Schwangerschaft irgendwann später wiederaufnehmen. Dieses Kind ein anderes Mal bekommen. Sie hatte beide Kinder verloren. Das ungeborene und das geborene. Blödsinn. Das durfte man nicht mal denken. Die Bäume waren längst überpflügt.

Vielleicht, weil sie die Hand dieser Statue geküsst hatte. Spanien. Costa Brava. Ihre erste richtige Auslandsreise. In einem Kloster in den Bergen. Die Verehrung der schwarzen Muttergottes. Gesundheit und Fruchtbarkeit. Nicht, dass sie an sowas glaubte. Mutterliebe, das war ein Hormon. Ein Mythos. Die fettleibige Göttin aus hungriger Zeit, älter als der Ackerbau. Die Venus von Willendorf. Gedrungener Kalksteinkörper, riesiger Hängebusen überm dicken Mutterbauch, gewaltiger Hintern. Anstelle des Gesichts kleine Locken. Reinste Fruchtbarkeit.

Die Tür zum Direktorenzimmer stand offen. Die Sekretärin arbeitete nur halbtags. Aber eigentlich sah man sie nie. Jetzt saß Kattner an ihrem Platz.

»Lohmark? Was machst du denn noch hier?«

»Hab was vergessen.« Schon wieder. Als ob sie was zu verbergen hätte.

»Was denn?«

Einfach seine Taktik anwenden. Statt einer Antwort eine Gegenfrage. »Und du?«

»Kreuzworträtsel.« Er hob die Zeitung hoch.

»Ägyptischer Gott des Totenreichs.«

War das jetzt eine Frage?

»Österreichische Schauspielerin mit dreizehn Buchstaben?«

Keine Ahnung.

»Na gut. Was haben wir denn da noch? Warte mal. Ah, das ist leicht. Erster Mensch mit vier Buchstaben?«

»Affe.« Es kam ganz automatisch. Wie ein Reflex.

Kattner prustete los. »Affe! Ich fass es nicht.« Er rollte mit seinem Stuhl zurück und warf den Kopf nach hinten.

Jetzt fiel ihr die richtige Antwort ein.

»Affe. Affe. Affe.« Er wollte sich gar nicht mehr beruhigen.

»Lohmark, dafür kriegst du ein Bienchen.« Er machte eine einladende Geste. »Setz dich mal her.«

Der Stuhl war unbequem.

Kattner rollte wieder zum Schreibtisch.

»Ohnehin gibt es da was, das ich dir sagen wollte.«

Immer diese Kunstpausen.

»Also, die Chemie zieht demnächst zu dir, nicht dass du dich wunderst.«

»Wieso denn das?«

»Du, die Kreativkurse brauchen unbedingt einen Raum mit Waschbecken. Muss was mit den Farben zu tun haben. Und Kollegin Schwanneke gibt ihren nicht her. Kannst du dir ja vorstellen. Überhaupt: Bio und Chemie, das eine geht ja eh nicht ohne das andere.«

Chemie war stumm. Biologie sprach. Sie war nie besonders gut in Chemie gewesen. Zitronensäurezyklus. Elektronentransportkette. Die Chemie mochte ihr vielleicht fehlen. Aber nicht in ihrem Raum. Es reichte schon, dass es auf dem Schulhof stank.

»Bis jetzt ist noch kein Atom mikroskopiert worden.« Das hatte ihr Seminarleiter immer gesagt.

»Doch, doch. Wußtest du das nicht?« Er tat ganz entsetzt. »Mittlerweile kann man Moleküle mit dem Elektronenmikroskop sichtbar machen.«

Ach ja, stimmt. Das hatte sie auch irgendwo gelesen.

»Macht ja nichts. Ich war in Chemie auch nicht besonders gut. Hab nie kapiert, ob das jetzt ein Modell ist oder die Wirklichkeit.« Kumpelhaftes Grinsen. »Ich hatte immer eine Drei. Aber wie heißt es so treffend? Drei ist befriedigend. Und was gibt es Schöneres, als befriedigt zu sein?« Er sang das beinahe. »Nicht wahr?«

»Ich hatte ja schon lange keine Weiterbildung mehr.« Die letzte war bestimmt zehn Jahre her.

»Inge, versteh doch. Das lohnt sich einfach nicht mehr.«

»Wer hat denn heute groß rumgetönt, dass man ein Leben lang zur Schule gehen soll!«

»Sollst du ja auch. Und das Letzte, was ich will, ist, deine fachliche Kompetenz anzuzweifeln. Aber neunzig Prozent der

Lehrer in unserem Bundesland sind über vierzig Jahre alt. Kannst dir doch vorstellen, was das bedeutet.«

»Viel Erfahrung.«

»Total überaltert. Klar sind die Alten die Zukunft. Schon allein wirtschaftlich. Der einzige Markt, der wächst. Und biologisch gesehen sind die Sechzigjährigen heute ja jünger als die Vierzigjährigen vor zwanzig Jahren.«

Ein Fähnchen im Wind.

»Aber du weißt: Der Kampf ums Dasein. Du bist doch vom Fach. Ein bisschen Frischfleisch würde uns schon ganz gut tun. Nur die Fittesten überleben!« Er strich sich über den Bauch.

»Wie du weißt, ist ja nicht sicher, was mit uns allen, also mit mir schon ... also was da auf euch zukommt in vier Jahren. Da kann es unter Umständen sogar ganz ratsam sein, sich schon vorher nach einem anderen Wirkungsbereich umzusehen.«

Worauf wollte er hinaus?

»Neubrandenburg zum Beispiel.«

Wovon redete er?

»Deine Fachlichkeit würdest du in dem Fall natürlich behalten.«

Fachlichkeit? Wieso? Wovon sprach er eigentlich?

»Oder ...« Er holte Luft. »... oder du bleibst hier in der Stadt.«

»Regionalschule?« Keine zehn Pferde. Erpressung war das.

»Nein, nein. Die sind auch überbesetzt. Viel besser: Zurück zu den Wurzeln. Versteh doch: Du könntest noch einmal ganz von vorn anfangen.«

Das ergab alles keinen Sinn.

»Die Grundschule!«

Er war wohl verrückt geworden. Es würde sich gleich aufklären. Sie hatte nichts zu befürchten. Das kluge Tier wartet ab.

»Was soll ich denn bitteschön an einer Grundschule unterrichten?« Das durfte er gar nicht. Personaldinge entscheiden.

»Na, Sachkunde. Dafür bist du doch die Richtige. Der Wald, das Haus, der Mensch. Temperaturen messen. Wolken beobachten. Pilze suchen. Da kannst du endlich mal die Grundlagen schaffen, die du jetzt immer vermisst. Ich meine, dafür bist du doch Lehrerin geworden. Um den Kindern was beizubringen.«

Deswegen war sie ganz bestimmt nicht Lehrerin geworden.

»Du weißt: Das Arbeitslosengeld wird zwei Jahre gezahlt. Und es gibt genug artverwandte Aufgaben, die weniger erfreulich sind: Schwererziehbare beaufsichtigen. Nachtwache in der Klapse. Schichtdienst im Kinderheim.«

Er konnte ihr gar nichts. Die sozialistische Persönlichkeit wird in erster Linie durch den Arbeitsprozess geformt. Dienst nach Vorschrift. Chinesische Werkarbeiter, die aus Hochhäusern sprangen, weil ihnen gekündigt wurde. Ein Familienvater, der seine ganze Familie ermordete, weil er seinen Job verloren hatte. Schulden, die niemals getilgt werden konnten. Gab es überhaupt noch Kinderheime? Der Mensch war das größte Nutztier. Kein Leben ohne Arbeit. Warum war sie Lehrerin geworden?

»Aber das ist ja alles noch Zukunftsmusik. Vorerst bleibst du natürlich hier. War ja nur so ein Gedanke.«

Aber die Pferde scheu machen. Weil ihre Eltern gesagt haben, dass das zu ihr passen würde. Weil man einen Beruf angeben musste, um auf die EOS zu kommen. Weil Kinder geboren wurden und Lehrer gebraucht wurden. Immer. Jedenfalls früher.

»Aber was ist eigentlich los mit dir? Dein Auto muss doch schon längst wieder aus der Werkstatt sein. Warum fährst du denn immer noch mit dem Bus?«

»Ökologie.«

Stirnrunzeln. Er glaubte ihr kein Wort.

»Schlecht siehst du aus, Lohmark. Ich mache mir Sorgen um dich. Du wirkst abgehetzt. Siehst müde aus. Entspann dich. Mach mal einen Kurs. Im alten Russischraum gibt es gleich um fünfzehn Uhr dreißig Schmuckgestaltung, glaub ich. Warte, ich schau mal nach.« Er fischte ein Stück gelbes, bedrucktes Papier aus einem der Stapel.

Sie musste sofort gehen. Es hatte gar keinen Sinn, hier noch einen Moment länger zu sitzen und sich von diesem Zirkusdirektor demütigen zu lassen. Der nächste Bus fuhr erst um sechs. Ab morgen würde sie wieder das Auto nehmen. Warum saß sie noch hier?

Kattner schaute sie herausfordernd an.

Ihr Körper, kraftlos. Der Kopf, so schwer. Das Gehirn war ein enormer Energiefresser. Die Seescheide, ein wirbelloses Knollentier, trennte sich einfach davon, sobald es erwachsen war und sesshaft wurde. Die Quallen hatten auch kein Gehirn. Die kamen mit einem Nervennetz gut durchs Leben. Dieser Kopf. Schon für die Geburt zu riesig. Leichtkalbig war der Mensch nicht gerade. Dieses viel zu große Gehirn. Ein Wissensspeicher, überdimensioniert wie das Geweih des eiszeitlichen Riesenhirsches, die Stoßzähne des Mammuts, die langen Eckzähne des Säbelzahntigers. Ein Verhängnis. Eine Sackgasse. Irgendwann. Was nützte es? Diese Anhäufung von

Wissen. Das, was wir nicht wussten, und das, was wir noch nicht wussten, und all das, was wir in Zukunft wissen würden. Disziplinloses Unkraut. Da half keine Weiterbildung. Man kam nicht hinterher. Alles wurde immer nur komplexer und komplizierter. So vieles war noch unerforscht. Es gab immer noch offene Fragen in der Biologie. Die verschlungenen, unverstandenen Beziehungen zwischen den Arten. Manche Hypothesen waren heute wahr, auch wenn zukünftige Versuche sie als falsch erweisen würden. Dass sie geglaubt hatten, das Geheimnis des Lebens sei ein Roman. Nur weil sein Alphabet aus vier Buchstaben bestand. Was waren schon Romane? Illustrationen von Weltanschauungen. Die Baupläne waren entschlüsselt, aber nichts war verstanden. Eine Geheimschrift. Lauter Einheiten, die ab und an ein Wort ergaben, Perlen auf der Chromosomenkette. Perlen vor die Säue. Wenn der Organismus tatsächlich nur ein Sklave seiner Gene war, dann war sein Herr jedenfalls nicht zu verstehen. Was da alles herumlag. Auf der DNA. Und erst auf der RNA. Transkripte unbekannter Funktionen, vorübergehend stillgelegte Pseudogene. Anhängsel und Zwischenräume. Ungenutzte, überflüssige Informationen. Die Intelligenz war selbst bei eineiigen Zwillingen nicht gleich verteilt. Genetisch gesehen war man im Lauf seines Lebens nicht mal mit sich selbst identisch. Die Schulbücher mussten umgeschrieben werden, immer umfangreicher werden, weil täglich immer mehr Wissen dazu kam. Neue Studien. Keine Erkenntnisse. Der Verstand machte uns auch nicht klüger. Eingezwängt im Kausalkettenhemd, das Ich als neuronale Illusion, eine wirklich aufwendige Multimediashow. Ein Tier müsste man sein. Ein wirkliches Tier. Ohne ein Bewusstsein, das den Willen hemmt. Tiere wussten immer, was sie taten. Oder besser, sie brauchten es gar nicht zu wissen. Bei Gefahr warf die Eidechse ihren Schwanz ab. Überflüssigen Ballast einfach loswerden. Dass man immer darüber nachdenken musste, was als Nächstes zu tun war, wie man sich am besten zu verhalten hatte. Tiere kannten ihre Bedürfnisse, hatten einen Instinkt. Hungrig oder satt, müde oder wach, ängstlich oder paarungsbereit. Sie taten es einfach. Sie folgten der Herde, schwammen zur Quelle, legten sich gähnend in die Sonne oder in den Schatten, je nachdem. Fraßen sich eine Fettschicht an. Hielten Winterschlaf.

Kattner knipste die Schreibtischlampe an. Es war schon dunkel geworden. Das Licht fiel auf seinen Mund. Die Augen im Schatten. Wo war ihr Instinkt geblieben? Wie war sie hierhergekommen? Wo war der Schwanz, den sie jetzt abwerfen konnte?

Entwicklungslehre

Die Sonne kam hinter den Bäumen hervor und stand jetzt über dem Wald. Alles trat klar und ungetrübt hervor: Blühende Weidenkätzchen und weiß getupfte Schlehen, stechend gelbe Forsythien und dünne Birken mit grünen Zweigen. Seit Tagen hatte es nur geregnet. Aber heute Morgen war der Himmel tiefblau und beinahe wolkenlos. Er spiegelte sich in den Pfützen der Feuchtwiesen. Sie waren riesig, so groß wie Seen. Bald war Ostern. Übernächste Woche begannen die Ferien. Zehn Tage. Wurde auch Zeit. Wie ruhig es war, ganz friedlich. Kaum ein Auto. Keine Schüler am Fahrbahnrand. Der Bus war längst durch. Die Haltestellen verwaist. Als wären sie seit Jahren nicht mehr in Betrieb.

Das Fenster ließ sich nur schwer hinunterkurbeln. Früher oder später würde sie doch ein neues Auto brauchen. Aber Wolfgang hatte sich gerade eine Brutmaschine gekauft. Vierzig Eier passten rein. Die Brutsaison hatte schon begonnen. Es war frisch, aber die Sonne brannte trotzdem auf der Haut. Es würde warm werden heute. Weicher Westwind. Frühling. Beinahe sommerlich. Sogar die Linden hatten schon leuchtende Spitzen. Der Waldboden war weiß gesprenkelt von Buschwindröschen. Die Gerste strotzend grün, beinahe bläulich. Eine dunkle Silhouette im Gegenlicht. Jemand stapfte über das Feld, die Arme hinterm Rücken verschränkt. Nach vorn gebeugt mit kurzen Schritten, als ob er gegen den Luftwiderstand anzukämpfen hätte. Sie nahm den Fuß vom Gaspedal. Neben der Gestalt ein wuselnder Fleck, ein kleines, rotbraunes Tier. Der Schwanz senkrecht, am Ende gebogen, die hüpfenden Bewegungen austarierend. Das konnte nur eine Katze sein. Hans. Jetzt erkannte sie ihn. Es war Hans. Mit Elisabeth, die da durchs Gras schnürte, ab und an kleine Sprünge machte, um nicht hinter ihn zurückzufallen. Zwei, die sich gefunden hatten.

Er machte es schon richtig. Man hangelte sich ja doch nur von Ferien zu Ferien. Zehn Tage ohne diese müde Meute. Zehn Tage, die sie ganz für sich haben würde. Nur noch: der Garten. Das Haus. Und Hans, natürlich. Die täglichen Gespräche am Gartenzaun. Eigentlich hatte nur er seinen Platz gefunden. Bei sich zu Hause, in seiner Höhle, mit den beiden Außenthermometern und dem Wetterbericht, der ihn in Schach hielt. Ein Rentnerdasein. Schrecklich eigentlich. Sie müsste mal weg. Zu den Ivenacker Eichen. Die waren doch mindestens genauso alt wie die kalifornischen Mammutbäume. Wenn nicht noch älter. Zu den Kreidefelsen oder den Feuersteinfeldern. Spaziergänge am Strand. War ja alles nicht weit. Das Freilaufgehege mit dem Damwild. Ihr weiß getüpfeltes Fell.

Wieso war der Bus noch da vorne? Mitten auf der Straße. Blau-weiß gestreift, mit schwarz getönten Scheiben. Das war tatsächlich der Schulbus. Liegengeblieben offensichtlich. Die Kinder standen draußen. Bunte Anoraks im Straßengraben. Auf dem Feld Kevin und Konsorten. Machten einen ganz vergnügten Eindruck. Natürlich. Endlich mal was los. Ein paar Mädchen spielten sogar Gummihopse auf der Straße. Lärm und Gerangel. Mittendrin Marie Schlichters Bushaltestellenvisage. Der Fahrer lief um den Bus herum, ein Mobiltelefon am Ohr. Ellen an seiner Seite. Jetzt öffnete er eine Klappe und steckte seinen Kopf hinein. Und da war Jennifer. Sie kam näher und winkte ihr zu, wollte irgendwas sagen. Endlich war die Gegenfahrbahn frei. Beschleunigen und überholen.

Der Tag war gelaufen. Die Hälfte würde zu spät kommen. Aber den Stoff würde sie trotzdem schaffen: Evolution bis vor Pfingsten. Danach Wiederholung und Ausblick. Ein Jammer, dass es keinen zentralisierten Lehrplan mehr gab. Heute hatte jedes Bundesland eigene Bücher und ein eigenes Abitur. Falsch verstandene Flexibilität. Als ob in Bayern andere Naturgesetze galten. Das Nervensystem war doch auch zentral. Das war keine Freiheit. Jeder machte seins. Früher hing man im Lehrstoff höchstens mal vierzehn Tage hinterher. Das war immer aufzuholen. Wenn man heute umzog, war man verloren. Aber das war man ja sowieso. Ein Glück, dass sie wieder mit dem Auto fuhr. Früher war sie sogar ins Riesengebirge getrampt. Machte heute kein Mensch mehr. Das hätte noch gefehlt. Mit der Meute auf großer Fahrt. Ein unfreiwilliger Wandertag. Dabei hatte sie sich das sogar einmal gewünscht. Ein Unfall. Ausnahmezustand. Stabile Seitenlage. Auf Leben und Tod. Aber verletzt war niemand. Kein Krankenwagen, kein Tatütata. Es passierte nichts. Und wenn, dann war es nicht wirklich schlimm. Aufgeschürfte Knie. Bis zur Hochzeit war alles wieder gut. So schnell starb sich's nämlich nicht. Vaters Worte. Von wegen. Er selbst war einfach umgefallen. War ihm alles erspart geblieben. Die sogenannte Wende. Weg vom Licht. Als der Krankenwagen endlich kam, war alles schon vorbei. Mutter dagegen. Jahrelanges Siechtum. Sie starb gleich für ihn mit. Nachträglich, die doppelte Dosis. Dieses Gerede. Wenn ich nicht mehr bin. Das war Erpressung. Ein

Trick, um Widerworte zu provozieren. Dass sie im Alter alle so weich wurden. Nebenwirkung der Todesangst. Auf einmal bereuen, was all die Jahre nie in Frage gestellt worden war. Auf den letzten Metern einknicken, klein beigeben. Nur weil die Körperfunktionen nach und nach ihren Dienst verweigerten. Die schlaffen Hände. Haut wie Pergament.

Da war die nächste Haltestelle. Saskia mit ein paar Jungs von der Realschule. Kopfhörer auf. Hände in den Hosentaschen. Bestellt und nicht abgeholt. Die konnten lange warten. Die schwarze Bretterbude hinter ihnen wie eine riesige Hundehütte. Angeleinte Tiere. Genau das waren sie ja. So weit die Kette reichte. Der Radius war abgesteckt. Räumlich, zeitlich. Tag für Tag. Der sandige Boden, festgestampft vom langen Warten. Ein paar Buddellöcher. Vergrabene Knochen.

Da war die Abzweigung. Der gelbe Pfeil in den Wald. Blinker an. Bremsen. Sie bog ein. Die Straße ganz schattig. Kalte Luft. Das Fenster wieder hoch. Die Fichten. Gelbe Nadeln auf dem Waldboden. Stämme vor schwarzem Grund. Die Hand vor Augen. Kein Gegenverkehr. Auf der Flucht. Flucht nach vorn. Ein paar Häuser. Der brüchige Asphalt. In den Löchern stand noch Regenwasser. Wieder ein Gehöft. Zu verkaufen. Kopfsteinpflaster. Das letzte Dorf. Tiefe Zäune, zugezogene Gardinen. Menschenleer. Da stand sie. Sie stand wirklich da. Natürlich. Wo auch sonst? Das Gesicht an der Scheibe.

Tür auf.

»Steigen Sie ein. Der Bus ist liegengeblieben.«

Sie setzte sich, zwang den Rucksack zwischen die Knie, zog die Tür zu, griff nach dem Gurt und schnallte sich an. Der Motor heulte auf. Zu viel Gas. Sie schaute gar nicht her. Kein Wort. Der Storchenbiss. Am Kragen das nach außen gestülpte

Futter der blauen Windjacke. Rötliche Flecken auf dem nackten Hals. Die blass schimmernde Kopfhaut unter dem braunen Haar. Nur das Brummen des Motors.

Der ganze Kram im Handschuhfach, in der Ablage zwischen den Sitzen. Als ob da was lag, das sie verraten könnte. Als ob sie werweißwas mit ihr vorhätte. Nur eine Visitenkarte von Wolfgang, ihr dicker Schlüsselbund, ein paar Hustenbonbons. Sanddorngeschmack. Verführung Minderjähriger. Das Radio anmachen? Nein, lieber nicht. Lenkte nur ab. Frische Luft. Das Fenster wieder einen Schlitz weit öffnen. Luft zum Atmen. Jetzt war es besser. Draußen vereinzelte Bäume auf den Feldern.

»Das sind Eiszeitlöcher.«

Jetzt. Endlich drehte sie sich um. Sie gehörte ihr.

»Die Baumgruppen auf den Feldern, diese vermoorten Senken stammen noch aus der Eiszeit. Die sind übrig geblieben, als sich die Gletscher zurückgezogen haben. Und als die Eisbrocken auftauten, haben sie diese Erdlöcher geformt, manchmal sogar Hohlräume unter der Erde. Die LPG hat sie früher immer mal mit Sand zugekippt, damit sie mit den Traktoren schön gerade über die Felder fahren konnten. Aber die nässten immer nach. Die sind so tief, die reichen bis in die Eiszeit. Sie sind einfach nicht trockenzukriegen. Ganz wichtige Biotope, übrigens.«

Erika tat so, als ob sie sich am Schienbein kratzte, unbekümmert wie ein Kind, schamlos. Gab es eigentlich weibliche Pädophilie?

»Haben Sie mal ein Rehkitz gesehen? Ich meine, in freier Natur?«

Jetzt schaute sie demonstrativ aus dem Fenster.

»Nee, wieso?« Endlich ein Wort.

»Als Kind habe ich mal in so einer Baumgruppe ein Rehkitz entdeckt. Im Gebüsch unter einem Hochstand. Wir haben uns direkt angeguckt, das Rehkitz und ich. Es war wunderschön, zum Anfassen nah, vielleicht einen halben Meter weit weg. Ich hätte nur die Hand ausstrecken müssen, um es zu streicheln. Das Fell war rotbraun mit weißen Punkten. Aber ich habe es natürlich nicht angefasst. Sie wissen das ja sicherlich: Die Mutter hätte es verstoßen. Wegen des fremden Geruchs.«

Sie rutschte auf dem Sitz herum. Die Knie zusammengepresst. Wer weiß? Vielleicht hatte sie sogar Angst. Schließlich könnte sie alles mit ihr machen. Alles, was sollte das sein? Was wollte sie denn von ihr? Die Straußensilhouette auf Wolfgangs Visitenkarte. Die Schlüssel, die Bonbons. Noch war gar nichts passiert. Bisher hatte sie noch niemand gesehen. Was würde sie denn mit ihr machen wollen? In den Wald, auf Hochstände, in die Sölle. Hand in Hand. Ob sie wollte oder nicht. Einsperren. Aussetzen. Irgendwo. Einfach nur so. Kindesentführung. War sie überhaupt noch ein Kind? Auf jeden Fall minderjährig. Nicht mal besonders hübsch. Sie war ihr ausgeliefert. Wer hatte hier wem eine Falle gestellt? Wieso nahm sie eine Schülerin mit? Was kam als Nächstes? Sie konnte sie ja schlecht hier hinauswerfen. Sie hatte sich wohl getäuscht. Vortäuschung falscher Tatsachen. Mitarbeit ungenügend. Sie interessierte sich für nichts. Sie war nicht besser als alle anderen. Starrte nur so vor sich hin. Geistlos. Machte alles mit. Sollte sie doch! Sie an einen Baum fesseln. Sie dazu zwingen, genau hinzusehen. Endlich einmal Antwort zu geben. Vielleicht würde ja ein Rehkitz vorbeikommen. Das hatte sie davon. Den Mund stopfen, damit sie nie wieder was sagt. Wie sie einfach so dasaß. Atmete. Als ob nichts wäre. Es war ja auch nichts. Es gab nichts mehr zu sagen.

Draußen die strahlend weißen Windräder, unermüdlich kreisend. Auf einem getränkten Feld sogar ein paar verirrte Schwäne. Grell leuchtender Müll in Buchsbäumen, Plastetüten im Gebüsch. In der Gartenkolonie blühten schon flammend die Wildtulpen. Vorm Autohaus flatternde Fahnen. Die zarten Schatten der Zweige auf den Fassaden.

Ihre Nische auf dem Lehrerparkplatz war frei wie immer. Sie zog die Handbremse an. Erika löste den Gurt, griff nach dem Rucksack, stieg aus, warf die Tür zu. Viel zu laut.

»Guten Morgen!« Auch das noch. Die Schwanneke, die auf ihrem roten Fahrrad angerollt kam.

»Grüß dich, Inge.« Sie grinste. Wissend. Sie hatte alles gesehen. In einem Auto. Eine kleine Schwäche. Schluss jetzt. Ein für alle Mal.

»Guten Morgen.« Heute also nur die Minimalbesetzung. Und der Rest der Truppe noch nicht in Sicht. Wortwörtlich auf der Strecke geblieben. Das war kein Unterricht mehr, das war Nachhilfe. Das hatte in all den Jahren nicht mal ein Geschwader Influenzaviren geschafft. Ein paar Steh-auf-Männchen, geblendet von der Morgensonne. Aber solange die Reflexe funktionierten. Biologieunterricht ging auch zu zweit.

»Setzen.«

Dienst nach Vorschrift. Bloß keine Ausnahme mehr machen. Im Theater spielten sie ja auch, solange das Publikum in der Überzahl war. Und das waren sie immerhin noch, in der Überzahl: Sechs zu eins. Erika und die fünf Hanseln aus der Stadt. Und auf der Bühne stand immer noch sie allein: Frau Lohmark. Also: Vorhang auf.

»Schlagen Sie das Buch auf, Seite hundertzweiundachtzig.« Auf einer einzigen Seite lag all das vor ihnen, was hinter ihnen lag: Der Marsch des Lebens durch die Zeitalter der Erde, dargestellt als die spiralige Windung eines Schneckenhauses, vom Archaikum bis zum Quartär, vom Nichts bis in die Gegenwart, in seinen unterschiedlichen Entwicklungsstadien und Erscheinungsformen: Schwämme, Algen, Dreilapper, Armfüßer, Wirbellose, Stachelhäuter, Muscheln, Moostierchen, Kopffüßer, Gliederfüßer, Panzerfische, Nacktsprosser, baumhohe Farne, Meerechsen, Riesenlibellen, Steinkohlewälder, segelnde Flugdrachen, langhalsige Riesenechsen, federlose Strauße, Urpferde, Säbelzahntiger, Mammuts und der Urmensch.

Das Zentrum der Spirale war ein schwarzgrauer Schlund, ein Strudel in die unvorstellbare Vorvergangenheit, ein Mahlstrom in die Tiefe eines Ozeans, aus dem alles erwuchs, neblig und dunkel wie alle Theorien des Anfangs: Haeckels Urschleim, Oparins brodelnde Ursuppe, Millers Uratmosphäre in gasgefüllten Glaskolben. Woher kam das Leben? Alles Gewürm aus fauligem Schlamm. Ein gewaltiger Knall. Elektrische Entladungen, organische Moleküle, Milliarden von Einzellern, die Bausteine des Lebens, der Sprung in die Zeit, in den Raum, der Anfang alles Seins: Und mittendrin eine Zahl.

»Drei Komma sieben Milliarden Jahre.«

Ungeheuerlich. Drei Komma sieben Milliarden. Ob sie das sagte oder nicht, war völlig egal. Da war jedes Vorstellungsvermögen gesprengt. Beim besten Willen.

Im Lehrplan stand: Ein Gefühl für die Zeiträume vermitteln. Als ob Menschen, die noch jedem einzelnen Geburtstag entgegenfieberten, sich für das Alter der Erde interessierten. Sie waren noch zu unerfahren, um zu begreifen, wie verschwindend gering ihre Lebenszeit, wie nichtig ihr Dasein, wie lächerlich unbedeutend jeder Augenblick war. Sie wussten nichts.

Wenn man Urzeit sagte, sahen sie nur fauchende Dinosaurier und zottelige Elefanten mit blitzenden Stoßzähnen, haushohe Riesenechsen im tödlichen Zweikampf, ein gordischer Knoten aus Landreptilien, die sich im Rücken des Gegners festgebissen hatten. Streitlustige Höhlenmenschen in winterlicher Landschaft, auf Mammutjagd. Schnitzende Neandertaler im Fellkleid am Lagerfeuer. Niemals würden sie lernen, in Jahrmillionen zu denken. Nie verstehen, dass all das Belebte, was sie umgab, das Ergebnis winzigster Schritte über ungeheuerlich lange Zeiträume war. Ein unabsehbarer, chronischer, langwieriger Wandlungsprozess, der sich nicht beobachten, nicht erfahren, sondern nur durch mühsam zusammengepuzzelte Indizien erschließen ließ. Da half auch keine Zahl, keine schwindelnd lange Zahlenkolonne. Da war Endstation. Das Gehirn stieg aus. Und mit Phantasie kam man auch nicht weiter. Damit erst recht nicht.

»Mehrzelliges Leben entwickelte sich erst vor etwa fünfhundert Millionen Jahren. Vorher war das Leben einzellig. Drei Milliarden Jahre lang war die Erde nur von einfachsten, bakterienähnlichen Lebewesen besiedelt.« Bis heute die erfolgreichste Form der Existenz, ein Leben auf Schmarotzerbasis, eine Dauerform, die wahren Herrscher der Welt. Bakterien und Viren hatten sich in all der Zeit nicht weiterentwickeln müssen. Sie waren unsterblich und vollkommen. Ohne Gehirn und ohne Nerven. Nur etwas, das perfekt war, entwickelte sich nicht weiter. Entwicklung war nichts als ein Ausdruck von Unvollkommenheit. Die gerichtete, unumkehrbare Veränderung eines Lebewesens von der befruchteten Eizelle über mehrere Stadien bis zum Tod. Allein, dass der Mensch zur Schule gehen musste, sprach für die Unzulänglichkeit seiner Konstruktion. Fast alle anderen Tiere waren mit der Geburt fertig. Fertig fürs Leben. Ihm gewachsen. Nach ein paar Stunden standen sie schon auf eigenen Beinen. Menschen hingegen blieben ihr Leben lang unfertig. Mängelwesen. Kümmerlinge. Physiologische Frühgeburten, die zur Geschlechtsreife gelangten. Von Natur aus unvorbereitet. Erst am Ende fertig mit dem Leben. Man wurde nur so alt, weil man so unendlich viel zu lernen hatte.

»Ihre Hausaufgabe war gewesen, den einzelnen Zeitaltern Tiere und Pflanzen zuzuordnen. Also Ferdinand: Wie sah es aus im Ordovizium?«

Er räusperte sich. Der Stimmbruch hatte ihn endlich erhört. »Erste Wirbeltiere, Kieferlose ...«

»In ganzen Sätzen, bitte.«

»Ähm ... Zum ersten Mal Wirbeltiere, kieferlose Fische, Muscheln, Korallen und Seeigel. Und Algen ...

»Das sind aber immer noch keine ganzen Sätze.«

»... die Algen, die entfalten sich.«

»Sie haben die Quallen vergessen. Die entfalten sich auch. Die dürfen Sie nicht vergessen. Das ordovizische Meer war voller schillernder Quallen, schon das kambrische. Wie die auf dem Flur.«

»Mhm.« Er nickte wie ein gelehriges Pony.

»Und wie haben wir uns das Karbon vorzustellen, Annika?«

Ehe sie noch unruhiger wurde. Fräulein Neunmalklug.

»Da entstehen ausgedehnte Steinkohleurwälder mit Farnen, vierzig Meter hohen Bärlappbäumen und zehn Meter hohen Schachtelhalmen und Riesenlibellen. Und die Urreptilien entwickeln sich. Dazu zählt auch der Fischlurch Ichthyostega. Das war das erste Wirbeltier, das es aufs Land schaffte: Es war ...«

»Danke, danke, das reicht schon.«

Die war wirklich die Pest. Menschen, die glaubten, immer alles richtig zu machen, waren das Unerträglichste.

»Und in der Kreide?«

Ein Blick in die Klasse. Mehr waren ja kaum übrig.

»Jakob.«

Heute im Pullunder, sein eigenes Abziehbild.

»Immergrüne ...« Poltern auf dem Flur. Die Tür flog auf, und die Horde von der Landstraße fiel ins Klassenzimmer. Offene Jacken, Taschen in den Händen. Mit leuchtenden Gesichtern und Sturmfrisuren, wie nach einer Bergbesteigung.

»Setzen Sie sich auf Ihre Plätze und verhalten Sie sich gefälligst ruhig. Sie haben die Pause, um sich auszutauschen.«

»Also, Jakob!«

Er hüstelte. Starrer Blick in die Aufzeichnungen. »Entstehung von immergrünen Laubwäldern, Entwicklung der Vögel, Blütezeit der Dinosaurier.«

»Und was passiert am Ende mit denen?«

»Die sterben aus.« Seine Stimme war sachlich, aber voller Anteilnahme. Wie ein Bestatter.

»Richtig.« Mehr als neunundneunzig Prozent aller Arten, die jemals auf der Erde existiert hatten, waren ausgestorben.

Aber alle dachten nur an diese lächerlich großen Vierzigtonner mit tennisballkleinen Gehirnen, die nicht mal imstande waren, ihre Körpertemperatur zu regulieren.

»Ja, das war ein richtiges Massensterben! Drei Viertel aller Tier- und Pflanzenarten verschwanden. Aber Sie wissen ja: Der Tod des Einen ist die Geburtsstunde des Anderen. Und dass Lebewesen aussterben, ist eines der wichtigsten Merkmale des stammesgeschichtlichen Prozesses.« Die Geschichte des Lebens war im Grunde eine Geschichte des Sterbens. Und jeder Krieg, jede Katastrophe der Beginn von etwas Neuem.

Ein Rundgang. Vor dem Fenster die Thronhäupter der Kastanien. Knospen, kurz vor dem Schlüpfen. An einigen Zweigen hatten sich schon winzige, glänzende Blättchen herausgeschält und hingen nun, erschöpft von den Strapazen ihrer Geburt, schlaff herunter.

»Denn erst mit dem Niedergang der Saurier wurden die Fellträger zur vorherrschenden Wirbeltiergruppe. Der Siegeszug der Säuger begann. Auf einmal war es vorteilhaft, einen Pelz und immerwarmes Blut zu haben, seine Nachkommen lebend zur Welt zu bringen und mit Milch zu säugen. Im dicken Mutterbauch ist die Brut anscheinend besser geschützt als in jeder noch so harten Eierschale. Nestraub ist da unmöglich, aber die Mutter selbst ist natürlich so gefährdet wie bei keiner anderen Tierklasse.« Müttersterblichkeit. Das lebensgefährliche Gebären. Der Tod im Kindbett. Jede Schwangerschaft war ein Risiko. Tiefgreifende Veränderungen, die den Körper schwächten. Gemeinsamer Blutkreislauf. Zu viele Genussgifte gefährden den Fötus. Die Geburt war eine einzige Verletzung. Allein der Blutverlust. Die Eiablage war ein Kinderspiel dagegen. Tante Martha war gestorben. Beim fünften

Kind. Aber damals starb ja auch jedes dritte Kind im Säuglingsalter. Frühe Auslese.

»Auf jedes Lebewesen, das sich im Überlebenskampf behauptet hat, kommen unzählige konkurrierende Organismen, die sich nicht durchgesetzt haben. Wir sind nur hier, weil viele andere auf der Strecke geblieben sind.« Vor ein paar Wochen hatte ein Mann im Stadtbus einen Schlaganfall. Er fuhr den ganzen Tag hin und her, immer wieder zur Endstation bei der Mülldeponie und zurück an den kleinen Hafen in der Stadt. Erst abends, als es ins Depot ging, sah der Fahrer nach ihm. Da war schon lange nichts mehr zu machen. Zwölf Stunden halbtot herumkutschiert. Wenn jeder an sich dachte, war für alle gesorgt.

»Wenn ein Lebewesen stirbt, beginnt normalerweise die Zersetzung. Milben, Asseln und eine Reihe von Mikroorganismen verdauen den Kadaver. Die Hauptaufgabe übernehmen aber vor allem die Pilze! Sie gehören weder zu den Tieren noch zu den Pflanzen. Schon sehr früh haben sie sich von allen anderen abgespalten. Ihnen gehört ein eigenes Reich. Sie sind eine dritte Lebensform!« Nachfahren eines Einzellers wie wir. Pionierbesiedler des Urkontinents.

»Ich rede hier nicht von Pfifferlingen oder hochgezüchteten Champignons, die Sie abends in der Pfanne braten, sondern von jenen Wesen, die dafür sorgen, dass all der Abfall, all das Tote und Abgestorbene, was jeden Tag anfällt, auch wieder abgebaut wird. Es gibt nichts, was nicht von irgendeiner Pilzart zersetzt werden kann.« Sie hatten sich total darauf spezialisiert, die Überreste anderer zu verwerten, sich einzig und allein von dem zu ernähren, was übrig blieb, wenn andere zugrunde gingen, obwohl sie weder Verdauung, noch

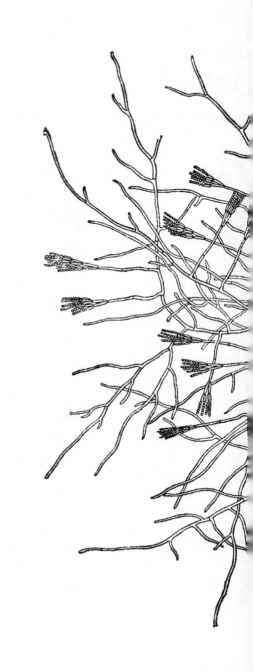

Sinnesorgane hatten. Ihre Bedeutung konnte gar nicht groß genug eingeschätzt werden. Dabei verkörperten die Destruenten das Grundprinzip des Lebens am konsequentesten. Leben vom Tod anderer. Das taten natürlich alle. Das war das Prinzip alles Lebendigen, auch des noch so hoch entwickelten. Aber das war ja tabu, das wollte wieder keiner wahrhaben.

»Einige wenige Organismen allerdings bleiben von der Zersetzung verschont. Ihre Überreste überdauern in einer Sedimentschicht die Zeiten und zeigen der Nachwelt, was einmal war. Sofern sie bei Ausgrabungen gefunden werden.« Ungewählte Repräsentanten, Stellvertreter ihrer Art. Urzeitliche Zehnfußkrebse in silbern schimmerndem Schiefer, schwarze Koniferen im Ton, Urfische mit dicken Schuppen wie glasierte Keramik. Zwischen Kalkschichten plattgedrückt wie getrocknete Blüten. Vom Gewicht der Zeit zu einem Abdruck gepresst, nur noch ein Schatten ihrer selbst. Ausgebleichte Körper. Vertrocknete Leichen. Zu Bildern gequetscht. Echte Kunst. Kinderschätze. Der versteinerte Seeigel, den Mutter aus Jugoslawien mitgebracht hatte, ein in gläsernem Bernstein gefangenes Mückenbein. Dutzendweise Donnerkeile im Setzkasten, die Reste ausgestorbener Tintenfische. Von Früchten aus dem Tertiär – klein, schwarz und rund wie Hasenköttel – bis zu komplett erhaltenene Mammuts an der sibirischen Eismeerküste. Tiefgefroren und mausetot. Hatte sie nicht mal mit Claudia diesen Film gesehen, in dem ein Mann im Packeis eingefroren war und Jahrzehnte später wieder aufgetaut wurde? Und dann mussten sie extra für ihn alles wieder so herrichten wie zu seiner Zeit: Dünne Schnauzbärte, Reifröcke und Kutschen im Park. Den Fernseher im antiken Schrank versteckt.

»Nur weil es Fossilien gibt, wissen wir überhaupt von früherem Leben. Sie sind die wichtigsten Beweisstücke für den Prozess der Evolution, die Lehre von der Veränderlichkeit der Arten, ihrer gemeinsamen Abstammung, der ungeheuren Kraft winziger Schritte – über unvorstellbar lange Zeiträume hinweg! Die Tatsache, dass alles Leben miteinander verwandt und nichts voneinander getrennt ist, dass alles zusammengehört, auch wenn es nicht so aussieht.« Eine Theorie ohne Zahlen, Formeln oder Experimente. Wer sie verstand, hatte das Leben verstanden, das Welträtsel gelöst. Darüber hätte Kattner predigen sollen.

»Die Fossilien sind die Zeugen der Evolution, die Brückentiere ihre Kronzeugen.« Ein Indizienprozess. Aber das Verfahren zog sich hin, die Beweisaufnahme würde niemals abgeschlossen sein. Immer wieder wurden neue, uralte Spuren sichergestellt, überraschende Zeugen geladen, unmögliche Tiere: Der Quastenflosser, ausgestorben seit der Kreidezeit, auferstanden von den Toten. Das Schnabeltier, eine ausgedachte Kreatur, die Summe artfremder Einzelteile. Ein säugendes Kloakentier, ein früh abgespaltener Einzelgänger, ein lebendes Bindeglied zwischen allerlei Arten. Ein Wesen aus diesen Kinderbüchern, in denen Kopf, Rumpf und Hinterteil immer wieder neu kombiniert werden konnten: Kleine Knopfaugen, winzige Hörschlitze und einen Entenschnabel, Schwimmfüße und Biberschwanz. Nichts passte zusammen, und es lebte doch. Ein abgestorbener Zweig unter wucherndem Gebüsch oder der tragende Ast im Stammbaum, die entscheidende Gabelung? Eine Beleidigung für den gesunden Menschenverstand.

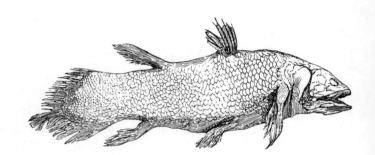

An der Zimmerrückwand prangte neuerdings das bunte Periodensystem, die Formeln in blinkende Kästchen verpackt. Fein säuberlich. Immerhin aufgeräumt. Der Mensch war immer noch ein Sammler, die einzige Art der Gattung Homo, die überlebte und nachträglich Ordnung schaffen musste, die von Natur aus nicht vorgesehen war. Es gab zwei Strategien, mit dem Leben fertigzuwerden. Es einfach hinnehmen. Oder versuchen, es zu verstehen. Einen Überblick schaffen. Licht ins Dunkel bringen. Einen Weg durch das Dickicht schlagen. So viele Lücken in der Fossilfundkette waren zu schließen, so viele klaffende Abstände zwischen zwei Tierklassen zu überbrücken. Das große Gestrüpp. Die Hoffnung, die Stammesgeschichte noch einmal umzuschreiben. Den verlorengegangenen gemeinsamen Vorfahr zweier Arten aufzuspüren, die fehlenden Zwischenglieder, den gesuchten Urahn des Wals, ein Landtier, das ins Meer zurückkehrte. Immerhin wusste man, wonach zu suchen war. Alles war bekannt, nur unentdeckt. Ein Fundament aus verborgenen Zeugnissen.

Fossile Bruchstücke, neu zusammengesetzt. Ein paar Knochen im Scheinwerferlicht. Grinsende Schädel, die immer größer werden. Wieder ein paar Kubikzentimeter mehr Platz für die Hirnmasse, das höchste aller Eingeweide, gefährlich überschätzt. Vier Säugetierskelette bei der Menschwerdung. Der affenähnliche Vorfahre, der sich aufbäumt und den Pelz ablegt. Die Kletterfähigkeit gegen das Stehen auf zwei Beinen tauscht. Ein Paar platte Füße. Dafür werden die Hände frei. Die Arbeit kann beginnen. Wülste über den Augenbrauen. Breite Kiefer. Das Bild eines am ganzen Körper rasierten Affen. Er sah aus wie ein alter Mann. Unsere einzigen noch lebenden Verwandten. Schimpansen vorm Spiegel, Gorillas im

Nebel. Vielleicht stammten die Affen ja von uns ab? Über eine Handvoll Knochen gebeugte Ermittler. Ein weiterer Schritt im Dunkeln. Gerippe mit Mädchennamen. Das Halbskelett Lucy, das Fossil Ida: der lemurenartige Ursäuger, ein zusammengekauerter Kleinprimat mit feuchter Nase, ausladendem Katzenschwanz und zwei verkrüppelten Vampirhändchen. In Fötusstellung. So hat man ihn gefunden. Zusammengerollt. Bedürftig. Zum Erbarmen. Der gesuchte Vorfahr? Heiß ersehnt, schmerzlich vermisst. Nicht mal eine entfernte Großtante. Indirekt waren wir mit jedem Zellklumpen verwandt, der jemals auf der Erde existiert hatte.

»Blättern Sie bitte eine Seite weiter.« Da war er, der Urvogel, das Reptil im Federkleid, das berühmte Brückentier, Bindeglied zwischen den beiden heute getrennten Klassen. Mit abgeknickten Beinen und gespreizten Flügeln. Zwei Schwingen, der nach hinten gebogene Hals. Plattgedrückt, wie überfahren. Sie hatte es gesehen. Das Berliner Exemplar, das berühmteste aller Fossilien. Im Museum. Hinter Glas. Ein Kind hatte gefragt: Ist das ein Engel?

»Der Archaeopteryx weist die Merkmale zweier Tierklassen auf: Er hatte ein Gefieder und keinen Schnabel, sondern einen bezahnten Kiefer, Greiffüße mit Krallen, ein verwachsenes Brustbein und eine Wirbelsäule, die bis weit in den Schwanz reicht. Er war nicht größer als eine Taube, aber konnte höchstens so gut fliegen wie ein Huhn. Er krallte sich an Baumstämmen fest und ließ sich ab und an in die Tiefe stürzen oder flatterte von Ast zu Ast. Fliegen konnte man das wirklich nicht nennen.« Eher Vorvogel als Urvogel. Federn zu haben, hieß noch nicht viel. Alle Vögel waren durch eine geflügelte Vorstufe hindurchgegangen. Evolutionsgeschichtlich gesehen war der Archaeopteryx ein Vogel vor der Flugfähigkeit und der Strauß ein Vogel danach. Die Flugreflexe waren immer noch vorhanden, doch es fehlten die harten Schwungfedern, die man beim Fliegen zum Durchschneiden der Luft braucht.

»Hinweise auf die Stammesgeschichte finden sich natürlich auch im menschlichen Körper. Sie verraten sich in kleinen, scheinbar unbedeutenden Details. Der Wurmfortsatz. Das Steißbein. Die Weisheitszähne.« Verkümmerte Organe, nutzlose Merkmale, die wenig Schaden anrichteten und mitgeschleppt wurden, Souvernirs aus der tierischen Vergangenheit. Die Fossilien waren selbst im Körper vergraben. Der Urmensch hauste in uns.

»Manchmal gibt es Rückschläge. Dann wird der Mensch von seiner Vergangenheit eingeholt. Bei einigen wenigen Individuen tauchen plötzlich Merkmale auf, die wir eigentlich schon längst abgelegt haben. Zum Beispiel zusätzliche Milchdrüsen ober- und unterhalb der Brüste. Ein Ohr, das spitz zuläuft, wie bei Hunden und Katzen. Ein Steißbein, das wie ein Schwanz über dem Po hinausguckt.«

Ungläubige Blicke. Dachten wohl, sie erzählte Märchen. Aber das war die Wahrheit. Da mussten wir alle durch. Noch vor der Geburt, schon im Mutterleib mussten wir all das durchleben, drei Komma sieben Millionen Jahre, die gesamte, mühsame Menschwerdung in neun Monaten. Dieser ganze Ballast, der in unseren Knochen steckte. Wir waren Flickwerk, die Summe aller vergangenen Teile, ein Provisorium, das mehr schlecht als recht funktionierte, voll von überflüssigen Merkmalen. Wir schleppten die Vergangenheit mit uns herum. Sie machte uns zu dem, was wir waren, und es ging darum, mit ihr klarzukommen. Das Leben war kein Kampf, es war eine Bürde. Man musste sie tragen. So gut es eben ging. Eine Aufgabe vom ersten Atemzug an. Als Mensch war man immer im Dienst. Man starb nie an einer Krankheit, sondern an der Vergangenheit. Eine Vergangenheit, die uns nicht auf diese Gegenwart vorbereitet hatte.

»Anatomisch gesehen sind wir immer noch Jäger und Sammler.« Altmenschen, die in kleinen Gruppen in der Savanne herumlungerten. Die Menschen waren längst nicht an die heutige Zeit angepasst. Sie hingen immer noch in der Altsteinzeit fest. Hinkten hinterher. Erst unsere Nachfahren würden dieser Gegenwart gewachsen sein. Aber die würden auch in einer völlig anderen Welt leben, uns so fremd wie das Leben in der Steinzeithöhle. Draußen schaukelten die Zweige im Wind. Ein Traktor fuhr vorbei und hinterließ erdige Spuren auf dem Asphalt. Wie sie als Kind immer gedacht hatte, dass man die anderen einholen könnte. Warte nur zwei Jahre, dann bin ich so alt wie du.

Verzweifelte Referendare, die weinend aus der Klasse rannten und sich auf dem Klo einschlossen. Heulkrämpfe und Zusammenbrüche. Bernburgs Burnout. Seit Wochen krankgeschrieben. Eine Diagnose wie ein Triumph. Wichtigtuerei. Ausgebrannt waren sie alle mal. Das gehörte dazu. Dienst an vorderster Front. Wer nicht stark genug war, der hielt es auf Dauer nicht aus. Es war hart gewesen damals, der Anfang. Das große Schulpraktikum am Ende des vierten Studienjahrs. Sprung ins eiskalte Wasser. Die Neuen waren zum Abschuss freigegeben. Die Meute roch die Angst. Jede Woche ließen sie sich was anderes einfallen. Sie hatten die Macht. Und immer waren sie in der Überzahl. Man selbst allein vor

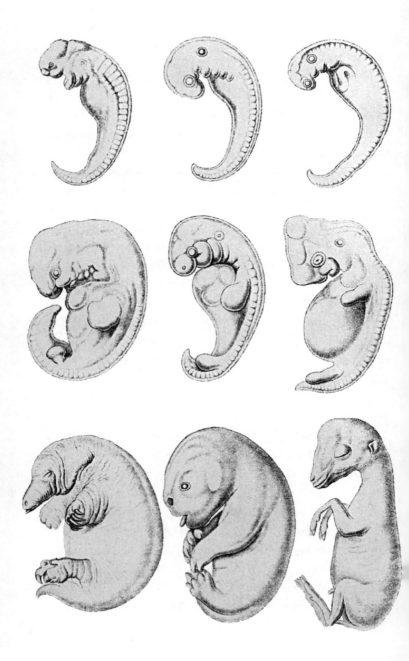

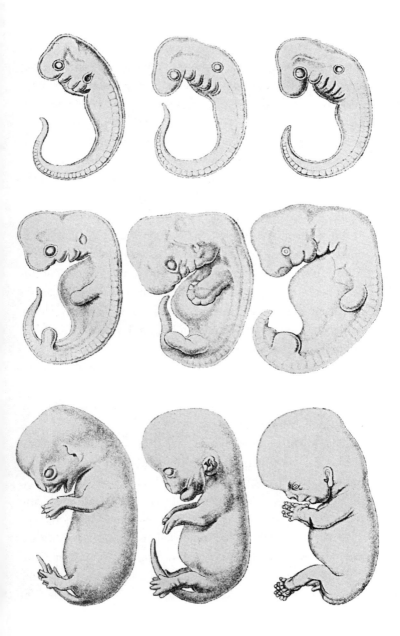

der Tafel. Anfangs noch der Wunsch, in ihr Gelächter miteinzustimmen. Die Seiten zu wechseln. Dazuzugehören. Aber sie lernte schnell. Man musste sich einen Namen machen. Flucht nach vorn. Denn sie würde immer da stehen vor der Tafel, vor der Klasse, allein. Die Tür war zu. Fünfundvierzig Minuten konnten sehr lang sein. Das musste man erst mal überstehen. Die Aufmerksamkeit. Unentwegt lagen sie auf der Lauer, waren nur darauf aus, einen scheitern zu sehen. Wer einen Fehler machte, war für immer verloren. Was das anging, hatten sie ein Elefantengedächtnis. Die Meute war gut vernetzt. Der Ruf, der einem vorauseilte. Nur keinen Fehler machen. Den Spieß umdrehen. Das Allerwichtigste war, gleich zu Beginn streng zu sein. Nachlassen konnte man immer noch. Zumindest theoretisch. Hart sein. Konsequent sein. Keine Ausnahmen. Keine Lieblinge. Unberechenbar bleiben. Schüler waren natürliche Feinde. Die Untersten im schulischen Wirkgefüge. Lohmark war bald jedem ein Begriff.

»Nehmen wir zum Beispiel den Schluckauf. Das ist nichts anderes als ein Relikt der Kiemenatmung.«

Jetzt hatte sie doch tatsächlich angefangen, sich selbst auf das Brustbein zu tippen.

»Die Ausführungen mögen vielfältig sein, aber die Baupläne sind sehr überschaubar. Blumen haben fünf bis sechs Blütenblätter, Landwirbeltiere fünf Finger.« Wirbeltiere waren nichts anderes als umgedrehte Würmer. Sie hatten den Darm nach vorn und das Nervensystem nach hinten verlegt. Außen weich, weil sie ein Innenskelett hatten. Der Mensch war ein Zwei-Seiten-Tier. Zwei Augen, ein Herz. Tiere mit Wirbelsäule, aber ohne Rückgrat. Man müsste noch mal ganz von vorne anfangen. Niemand konnte das. Das war die einzige Gerechtigkeit, die es gab. Wenn sich das rumsprach, war es mit der Disziplin vorbei. Dann würden bald alle ankommen und sie Inge nennen. Dreißig Jahre Berufserfahrung für die Katz. Dreißigeinhalb, wenn man genau war.

Sie schob das graue Polylux-Gerät vor das Lehrerpult und legte die Folie auf die Scheibe. Die Lampe war zu schwach, das Sonnenlicht zu hell. Den Vorhang ein Stück zu. Die Linse vergrößerte nicht nur die Zeichnung, sondern auch den Kreidestaub, der sich auf dem Gerät gesammelt hatte. Immer musste man wischen. Jetzt war alles gut zu erkennen: Sechs Schwarz-Weiß-Zeichnungen mit rehähnlichen Tieren, die das Laub von den Bäumen fraßen. Große eckige Flecken, langer Hals. Und auf jeder Zeichnung wurde er länger. Zwei kurzhalsige Tiere im Savannengras, niedergestreckt, bevor sie ganze Giraffen werden konnten.

»Wie Sie wissen, leben die Giraffen im Inneren Afrikas, in den Savannen, wo es kurze Regenzeiten und lange Trockenperioden gibt. Der Boden wird dann dürr und karg. Und nur Bäume, die tiefe Wurzeln haben, tragen noch Blätter. Sie sind oft die einzige Nahrung für die Giraffen. Mit gestrecktem Hals erreichen die Tiere eine Höhe von etwa sechs Metern. Die Vorderbeine sind länger als die Hinterbeine, der Hals ist stark verlängert, der Kopf länglich und die Zunge ebenfalls sehr lang. Sie sind hochgradig spezialisiert, ihr ganzer Körperbau, alles ist wie dafür gemacht, Blätter von hohen Zweigen abzuweiden. Wie aber die Giraffe –«

Ein Klopfen. Wahrscheinlich draußen irgendwo.

»... wie aber die Giraffe zu diesem langen Hals kam, wurde ganz unterschiedlich ...«

Schon wieder. Es war an der Tür. Was denn?

»Herein!« Laut und kräftig.

Die Tür flog auf. Es war Kattner. Wie er dastand. Beinahe förmlich. Sein kalkiges Gesicht. Er kam rein, blieb stehen, nickte zur Klasse. Alle saßen auf einmal ganz gerade da.

»Entschuldigen Sie, Kollegin.«

Immerhin siezte er sie vor den Schülern. Besorgter Blick. Was wollte er denn? Wusste er was?

»Nur ungern ...« Räuspern. Hand vorm Mund. »... störe ich Ihren Unterricht, aber ...«

Das war das Ende.

»Ja?«

Ihm zuvorkommen. Nicht vor der Klasse. Nichts anmerken lassen. Das hier war ihr Revier. Das Surren des Polylux. Ganz ruhig. Die Hände an die Tischkante. Die abgeplatzten Ränder am Lehrerpult.

»... können Sie bitte mal mitkommen?«

Loslassen.

»Selbstverständlich.«

Aber die Tasche muss mit. Nichts war sicher. Einfach hinterher. Aufrechter Gang. Erhobenen Hauptes. Nur nichts anmerken lassen. Sicher war nichts. Wie Kattner wartete. Mit gesenktem Haupt. Wollte ihr wohl den Vortritt lassen. Als ob er sie abführte. Das tat er ja. Woher sollte er was wissen? Der Verschluss ihrer Tasche schnappte zu. Die Folie mit den Giraffen noch einmal gerade rücken. Zur Tür.

Geraune. Wer flüstert, der lügt.

»Stillarbeit. Ich bin gleich wieder da.«

Lange würde das ja nicht dauern. Vielleicht ja doch. Aus und vorbei. Kein Wiedersehen. Tür zu.

»Was denn?«

»Wart's ab.«

An der Wand die Quallen und die Seerosen. Sie lief hinter ihm die Treppe hinunter. Sein Schritt schnell, als ob er es nicht erwarten konnte. Wie er ihr die Tür öffnete, ohne sie anzusehen. So warm war es gar nicht. Sie hätte sich den Mantel überziehen müssen. Die Luft, frisch und kühl. Am Hals ganz kalt. Kattner vorneweg. Nicht ausgelastet, seit ihm die Ansprachen verboten worden waren. Beschwerden beim Elternabend und dann die Weisung der Schulamtsleiterin. Unzulässige Pausenverkürzung. Irgendwas musste passiert sein. An der Regionalschule war letztes Schuljahr ein Lehrer suspendiert worden. Landserlieder im Musikunterricht. Feuchtfröhliche Runden. Garantiert nicht jugendfrei. Die kahle Stelle auf seinem Kopf. Haare, die sich in seinem Nacken kräuselten. Vielleicht ein Anruf? Aus Übersee. Dort war es jetzt Mitternacht. Lösegeld. Spuren im Wald.

Kattners Hand am Türdrücker. Sein strenger Blick. Immer noch ernste Miene. Er öffnete die Tür. Da saß Ellen. Auf dem Stuhl vor dem Schreibtisch. Die Arme hingen hinunter. Die Haare unordentlich. Ihr eckiges Gesicht. Verquollene Augen. Die hatte sie ganz vergessen. Ein Häufchen Elend.

Kattner zog sein Jackett aus und hängte es an die Garderobe. Hände in der Seite, Redehaltung.

»Schon mal was von Aufsichtspflicht gehört?«

Er ging in die Knie, beugte sich zu ihr.

»Ellen, erzähl, was die mit dir gemacht haben.«

Wie auf Kommando fing sie zu weinen an.

Er kam aus der Hocke hoch. Seufzte.

»Ist schon gut. Warte draußen. In die Klasse brauchst du heute nicht mehr.«

Sie schleppte sich hinaus. Grüne Striemen auf dem Anorak. Er drückte die Tür hinter ihr zu und schüttelte den Kopf.

»Das Mädchen ist total verstört.« Er zog die Gardine zur Seite und kippte das Fenster an. Drehte sich um. Holte Luft.

»Sag mal, ist dir eigentlich klar, was in deiner Klasse los ist? Diese Schülerin wurde seit Wochen, vielleicht Monaten systematisch schikaniert, ja sogar misshandelt.«

Er setzte sich. War wohl wirklich bestürzt. »Auf dem Jungsklo habe ich sie gefunden. In einem Zustand, das kannst du dir nicht vorstellen.« Der schwarze Stadtgraben hinter den zarten Blättern. Die Fassaden der Häuser am Ring ganz gelb vom Sonnenlicht. Sie sollten jetzt doch wohl abgerissen werden.

Kattner stand wieder auf. Kam näher.

»Und du?« Verschränkte die Arme. »Hast du dazu überhaupt nichts zu sagen?«

Sie überredeten jetzt schon alte Frauen dazu, zusammenzuziehen, damit wenigstens ein Haus erhalten werden konnte. Erzwungene Vergesellschaftung. Wahrscheinlich immer noch besser als Altenheim.

»Wie lange geht das denn schon so?«

»Was denn?«

Jetzt war er richtig wütend.

»Eine Schülerin aus deiner Klasse wird seit Wochen, vielleicht sogar Monaten von ihren Mitschülern drangsaliert und gequält, und du willst davon nichts bemerkt haben?«

Man sah immer noch, dass man hier im Osten war. Man würde es noch in fünfzig Jahren sehen. Um eine Beziehung zu verarbeiten, brauchte man doppelt so lang, wie sie gedauert hat.

»Hörst du überhaupt zu?«

Ja, sie hörte zu. Hörte jedes einzelne Wort. Keine Katastrophe, nicht mal ein kleiner Meteoriteneinschlag. Einfach nur Verfall. Einen traf es immer. Gruppendynamik. Jedes Wort hörte sie.

»Das Klima in deiner Klasse ist total vergiftet. Ich hätte wissen müssen, dass du nicht die Richtige dafür bist. Stand ja alles in dem Bericht. Kreidelastiger Unterricht. Mangelhafte Sozialkompetenz. Verknöcherte Persönlichkeit. Aber ich hab gedacht, altes Eisen ist nun mal hart, hab mich sogar dafür eingesetzt, dass du doch noch bis zum Schluss hierbleiben kannst. Aber jetzt hört der Spaß auf. Das wird Konsequenzen haben.«

Die Luftbildaufnahme an der Wand. Zwei Häuserbuchstaben im Grünen. Der sich schlängelnde Graben, eine Nabelschnur. Ein stehendes Gewässer. Kein Zugang zum Meer. Brackwasser stinkt. Es war zu spät, um sich von Wolfgang zu trennen.

»Du kannst jetzt gehen.«

Draußen der Flur immer noch leer. Jede Schulstunde eine Ewigkeit. Diese endlosen fünfundvierzig Minuten. Der Vertretungsplan für die nächste Woche. Bernburgs Ausfall. Angeblich sogar Selbstmordgedanken. Bis auf Weiteres krankgeschrieben. Wieder mal. Lauter Kästchen. Konsequenzen. Alles seine Richtigkeit. So machte man das bei uns. Und hier war jetzt bei uns. Alles seine Ordnung. Ganz ruhig. Die Ruhe vor dem Sturm. Nach dem Sturm. Ihre Schritte, sehr laut. Was machte die Vorschrift? Endstation. Das war nicht ihre Sache. Was hatte sie damit zu tun? Nichts. Jeder war für sich selbst verantwortlich. Irgendwo Kinderstimmen. Natürlich war das ihre Schuld. Wohin also? Zurück. In die Klasse. Weitermachen. Dienst und Vorschrift. Was blieb ihr auch anderes übrig. Übrig blieb nichts. Alles würde verschwinden. Früher oder später. Meistens plötzlich. So wie jetzt.

Draußen die Rakete an der Wand. Hoch hinaus. Der Himmel, immer noch unerträglich blau. Dicke, weiße Wolken. Zur Straßenseite der Flieder, der bald blühen würde. Die Schneebeeren, vertrocknete Knallerbsen. Ellen auf einer Bank. In den Pflasterritzen Kippen. Das Fachgebäude. Die bemalten Scheiben des Kunstraums.

Nach drei Treppenstufen schon außer Atem. Wo war ihre Kondition? Die Quallen, schillernd und überirdisch schön wie eh und je. Das Rauschen der Klospülung. Kevins Stimme. Lautes Lachen. Plötzlich wieder Stille, als sie den Biologieraum betrat.

Da waren sie wieder. Neben der Tafel: Die zwei Giraffenherden, die gegeneinander antraten. Lange Hälse gegen kurze Hälse. Wer von ihnen würde gewinnen? Zur Giraffe werden, zum Wundertier. Ein Kopf, zwei Meter über dem Herzen. Es musste sehr stark sein, dass es literweise Blut durch diesen Hals ins Hirn pumpen konnte. Nur sieben Knochen, aber meterlang. Das höchste aller landlebenden Säugetiere. Die richtige Strategie. Alles hatte seine Wirkungen, seine Konsequenz. Noch fünf Minuten bis zur Pause. Immer noch Unterricht. Also gut.

»Wie Sie sehen, brauchten die Vorfahren der Giraffen einen längeren Hals, um an die hohen Blätter der Bäume heranzukommen. Sie müssen eher wie Antilopen oder Hirsche ausgesehen haben. Stellen Sie sich also diese Tiere vor, wie sie in der Zeit der Dürre unter den Akazienbäumen stehen und sich strecken. Vielleicht bäumen sie sich sogar auf, versuchen hochzuspringen, weil sie so großen Hunger haben. Natürlich ist klar, dass diejenigen unter ihnen, die schon von Natur aus einen etwas längeren Hals haben, größere Überlebenschancen haben. Eben, weil sie an das Futter kommen, das ihnen keiner streitig machen kann. Es ist also ganz einfach: Wer den längeren Hals hat, lebt auch länger. Und je länger man überlebt, desto größer ist auch die Wahrscheinlichkeit, dass man es schafft, sich fortzupflanzen. Und natürlich werden viele Tiere – auch die mit den nicht so langen Hälsen – sich anstrengen, an diese Blätter zu kommen. Jeden Tag werden sie es erneut versuchen. Lauter Tiere, die sich abmühen, ihr Ziel zu erreichen, das ja direkt vor ihrer Nase ist. Jeden Tag werden sie trainieren und es sich zur Gewohnheit machen, sich nach den Blättern zu strecken. Und diese Gewohnheit wird ihnen langsam aber sicher zur Lebensweise. Und irgendwann wird sich das auszahlen. Bei ihren Kindern und Kindeskindern. Der Hals, er verlängert sich. Langsam, aber stetig. Stück für Stück. Und diese unermüdliche und über Generationen andauernde Anstrengung geben alle natürlich an ihre Nachkommen weiter, die sich wiederum auch anstrengen werden. Und so kommt eins zum anderen. Und die Giraffe zu ihrem langen Hals. Und alle anderen, alle die, die sich nicht genug angestrengt haben, die bleiben kurzhalsig und gehen jämmerlich zugrunde. Wir alle werden von unserer Umwelt dazu gezwungen, uns anzustrengen. Wir alle versuchen, an die schwer erreichbaren Blätter heranzukommen, an all die Früchte, die besonders hoch hängen. Man muss ein Ziel vor Augen haben. Dann ist Training alles. Die Giraffe hat ihren langen Hals bekommen, weil sie ihn immer nach noch höheren Blättern gereckt hat und sich der Hals durch diese hartnäckige Anstrengung, durch diese unbeirrbare Gewohnheit allmählich dehnte, genauso wie wir Muskeln bekommen, wenn wir Sport treiben. Das Leben ist ein Recken und Strecken. Für jeden Einzelnen von uns. Das Ziel scheint manchmal zum Greifen nah. Aber wir müssen uns eben anstrengen, um es tatsächlich zu erreichen. In jedem von uns steckt der Drang zu Höherem, zur Höherentwicklung. Und wenn man bestimmte Teile des Körpers, einzelne Organe besonders beansprucht, dann werden diese durch andauernde, beharrliche Forderung *gefördert!* Ihre Ausbildung wird in eine ganz bestimmte Richtung gelenkt. Natürlich in die gewünschte. Denn die Ausbildung, das ist das A und O! Die äußeren Einflüsse bleiben nicht ohne Folgen. All das wirkt sich auf den Charakter aus, auf Neigungen, Handlung und Körperbau, auf alles. Und alles führt zu etwas. Alles zieht etwas nach sich. Alles ist zu irgendetwas gut. Alles hat seinen Sinn. Ob Leben oder Sterben. Und diese ganze Anstrengung kann ja nicht umsonst sein. Energie geht nicht verloren! Natürlich beeinflusst uns unsere Umwelt. Anpassung ist alles. Und die Gewohnheit schafft den Menschen. Und wenn sich die Umwelt ändert, verändern sich auch die Organismen, die in ihr leben. Es gibt nun mal keine Organismen ohne Umwelt.«

Es klingelte.

Aber sie war noch nicht fertig.

»Natürlich hat es sich also ausgewirkt, wenn sich die Vorfahren der Giraffen unermüdlich nach den Blättern der Akazien gestreckt haben. Über viele Generationen und lange Zeiträume hinweg haben sie diese unglaublich langen Hälse ausgebildet. So wie die Vorfahren des Menschen sich immer wieder über das Steppengras erhoben haben, um nach Feinden oder nach Beute Ausschau zu halten, bis sie irgendwann aufrecht gingen. Jede Generation erntet die Früchte der vorherigen. Alles baut aufeinander auf. Und nur, wenn wir uns bemühen, erreichen wir etwas. Wenn wir aber faul bleiben, verlieren wir die einmal erworbenen Fähigkeiten. Dann verlieren wir alles, was wir uns einmal angeeignet haben. Dann war alles umsonst. Die Muskeln erschlaffen, die Denkleistung nimmt ab. Deshalb müssen wir trainieren, dürfen auf gar keinen Fall aufhören, uns anzustrengen, zu bemühen, zu lernen und das Erlernte zu wiederholen. Wenn alle ständig überall Unterstützung bekommen, ist niemand mehr gefordert, für sich selbst zu sorgen. Jeder Einzelne von uns muss sich strecken. Alles ist möglich, wenn wir uns nur wirklich anstrengen.«

Was erzählte sie da eigentlich? Sie musste sich hinsetzen. Völlig erschöpft.

»Keine Hausaufgaben. Sie können gehen.«

Wie erschlagen.

»Sport frei.« Die Mädchen in einer Reihe. Augen geradeaus. Wie sie blinzelten. Die Sonne.

»Heute spielen wir Völkerball – zur Verbesserung Ihrer Kondition. Bilden Sie bitte zwei Gruppen.«

Schwindel. Sie musste sich schon wieder hinsetzen. Eine Bank in Reichweite. Beine ausstrecken. Jetzt ging es besser. Die Mädchen wählten. Dass Beliebtheit immer vor Sportlichkeit ging. Einwurf. Das Spiel begann.

Das Leben war ziellos und zufällig, aber zwangsläufig. Theoretisch war alles möglich. Aber praktisch nichts. Man malte sich was aus. Und dann war es doch jeden Tag nur dasselbe. Den Umständen entsprechen. Den Umständen entsprechend. Dass es immer so lange dauerte, bis sich was änderte. Und wenn sich wirklich was änderte, dann war es auch falsch. Dann ging alles viel zu schnell. Ob ein System schlechter war als das andere, war rückblickend nicht auszumachen. Eines hatte sich als das geeignetere erwiesen. Die Natur machte keine Sprünge. Die Geschichte schon. Wenn man nur lange genug auf denselben Fleck starrte, wurde einem schlecht. Jede Begebenheit ließ sich nur als Geschichte erzählen. Lauter einzelne Schritte, die sich addierten. Denn nur anhand einer Reihe, nur hintereinander, eins nach dem anderen, eins aus dem anderen, nur so ließ sich Naturgeschichte erzählen. Primaten waren visuell orientierte Säugetiere. Sie waren Augenmenschen. Von der Amöbe zum Affen. Von der Mücke zum Elefanten. Eine Kette des Seins, der Aufstieg der Menschheit. Eine Abfolge von Ereignissen, lauter Zwischenstufen, ein Leben im Unfertigen, ein Leben im Noch-Nicht. Was war schon Erfolg in der Evolution? Die Karten wurden immer wieder neu gemischt. Wer das richtige Blatt hatte, gewann.

Die Mädchen nahmen Aufstellung. Der Ball flog. Lasch. Kein Wunder, dass niemand abgeschossen wurde. Wie sie Reißaus nahmen. Sich an den Rand des Spielfelds drängten. Werfen, das war Technik. Das Ziel fest im Visier. Am besten auf den Bauch. Die Dicken zuerst. Zu viel Angriffsfläche. Mit einem Schuss erlegen. Treffer. Und raus.

Immer musste man sich entscheiden: Angreifen, flüchten oder verharren. Reines Instinktverhalten war das Erfolgsmodell. Man müsste die natürlichen Instinkte wiederherstellen.

Riechen wie vor drei Millionen Jahren. Noch einmal auf vier Pfoten laufen, im Vierfüßlergang. Ein Rückschritt, der auf einer höheren Stufe sich wieder als Vorteil entpuppen würde. Spätere Gewinne, die alle Verluste mehr als wettmachten. Eine kleine Rückwärtsbewegung, um vorwärts zu kommen. Wie etwas, das feststeckte. Hauptsache, Bewegung. Zurück in die Zukunft. Es gab ja auch Versuche, den Auerochsen zurückzuzüchten. Zumindest ein Rind, das ihm ähnlich war. Mit kräftigem Stiernacken und ausladenden Hörnern. Und zu den Merkmalen kamen die Eigenschaften. Durch Haltung in der Natur. Man müsste all die Tiere auswildern, die in Gehegen ihr Dasein fristeten. Damhirsch, Mufflon, Wisent, Wildpferd, Braunbär, Wolf. Und der Mensch? Ein Tier, das sich selbst domestiziert hatte. Keine biologische Notwendigkeit, sondern ein Produkt des Zufalls. Wer sagte, dass Entwicklung überhaupt etwas Gutes war? Entwicklung war Entwicklung. Sonst nichts. Aber nichts war ohne Reihung zu sagen, nichts ohne Wertung zu denken. Gut, besser, am besten. Selbst perfekte Augen konnten wieder verkümmern. Degeneration war auch eine Anpassungsstrategie.

Die kleinen Hülsen der klebrigen Kastanienknospen auf dem feuchten Sand. Eine Plastetüte, die der Wind über den Schulhof scheuchte. Die ersten sammelten sich am Außenrand und feuerten ihre Mannschaft an. Das Spiel war noch nicht entschieden. Alles war offen.

Jedes Ende war ein offenes Ende. Entwicklung kam von Entwickelung. Ein verborgener Gegenstand, der ausgewickelt wurde. Vom Einfachen zum Komplexen. Wie das Kerncurriculum. Die kommende Vervollkommnung, die andauernde Anpassung. Alle Organismen schienen auf ein Ziel zuzustreben:

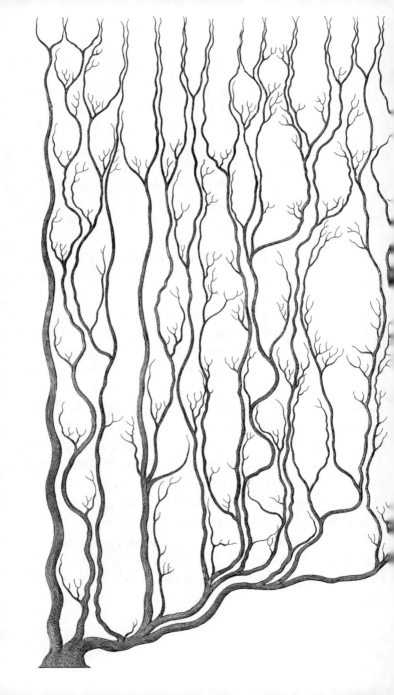

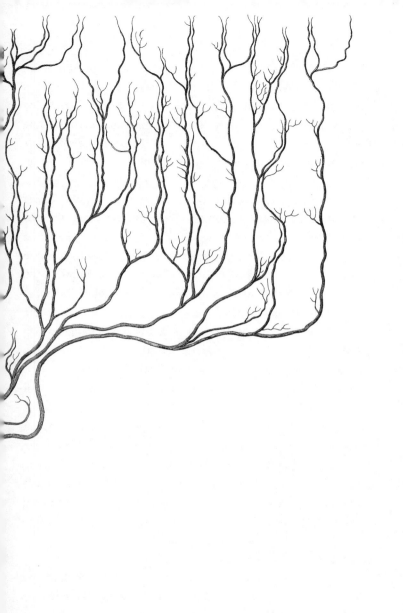

Jeder Urfisch, jeder Urschmetterling, jedes Urreptil wollte im Grunde ein Säugetier werden. Und jeder Homo sapiens ein makelloses Zukunftswesen. Nichts als Konkurrenz trieb uns voran. Und die angeborene Neigung zum Fortschritt. Es ging bergauf. Höher, schneller, weiter. Der Hals der Giraffe. Das Wasser bis zum Hals. Die Kirschen auf den obersten Ästen, die Gletscher Grönlands. Sie brauchten uns nicht.

Die meisten Gesetzmäßigkeiten waren erkannt, die Wälder gelichtet, die Pflanzen erzogen, die Tiere gezähmt. Ein einziges Freilichtmuseum. Wie geordnet doch alles war. An seinem Platz. Organische und anorganische Materie in verschiedenen Aggregatzuständen. Was bedeutete schon Zufall? Man konnte den Zufall nicht mal denken. Von wegen Ziel. Zielgerichtet war nichts. Aber der Tod doch das Ende. Vorläufig. Überall wurde Sinn unterstellt. Alles Vorausgegangene war Bedingung für das Nachfolgende. Hinterher war man immer klüger. Dachte man zumindest. Was würde nach dem Menschen kommen? Es gab kein Zurück. Wenn Ist nicht Seinsollendes war, was denn dann?

An der Außenlinie erwarteten die Abgeschossenen die Neuankömmlinge. Aus der Schusslinie, aber immer noch dabei. Drei gegen drei. Die Mädchen lachten. Der Ball, der eine von ihnen knapp verfehlte. Ihre Ausweichmanöver waren abenteuerlich. Wie sie sich verrenkte. In die Hocke. Mit der Hand abgestützt. Hintenüber. Jetzt fiel sie doch hin. Eine andere half ihr auf. Weiter ging's. Der Ball, härter jetzt. Er klatschte gegen einen Oberschenkel. Treffer. Raus.

Die Sieger waren doch die Fähigsten. Wer siegte, hatte zu Recht gesiegt. In der Natur gab es kein Unrecht. Keine Unfairness. Alles war Natur. In der Natur der Sache. Wer überlebt, hat gesiegt. Nein, eben nicht. Wer überlebt, überlebt. Schluss aus. Was heute die Ausnahme war, konnte morgen die Regel werden. Die Spirale, einmal in Gang gesetzt, war nicht mehr aufzuhalten. Sicher war nur, dass nichts bleiben würde, wie es war. Ein permanenter Wandel. Unaufhaltsam. Unabänderlich. Es war ein dynamischer Planet. Vollkommenheit mochte angestrebt sein, aber vorgesehen war sie nicht. Einen Fortschritt gab es nicht. Fortschritt, das war ein Denkfehler. Alles war unvollkommen, aber nicht hoffnungslos. Die Gegenwart nur ein Durchgangsstadium, der Mensch ein Provisorium. Jedes Ergebnis ein Zwischenergebnis. Alles war vorläufig. Wie Hans immer sagte: Letztlich hat das Wetter recht, nicht die Prognose. Komplexe Arten hatten nie lange überlebt.

Es blieb spannend. Eine kleine Drahtige sprang über das Spielfeld. Wie ein wildes Tier. Ihre weißen Zähne. Die frische Luft. Wie gut es roch.

Der Moment beim Baden, damals als sie sich zum ersten Mal diese Frage stellte. Auf dem Küchentisch in der ovalen Zinkwanne. Das heiße Wasser aus dem großen Kochtopf vom Herd, warmes aus der Ofenröhre, kaltes aus der Leitung. Von Mutter abgeschrubbt. Der harte Waschlappen hinterm Ohr, zwischen den Zehen. Im grünen Badewasser das Holzboot, ein Indianerkanu, das Vater ihr von einer Dienstreise mitgebracht hatte. Was gab es anderes als das Hier? Wie alt mochte sie gewesen sein? Noch im Kindergarten. Aber für die Zinkwanne schon zu groß. Die Beine hingen raus, die Füße im Trockenen. Diese Frage immer. Der Blick zur Decke, ins Licht. Die Lampe, eine gleißende Kugel aus Milchglas am Ende einer langen Stange. Keine Antwort. Nicht mal ein Ansatz. Nichts. Leerlauf der Gedanken. Sie konnte es sich einfach nicht vorstellen. Und wie sie dachte: Das lerne ich bestimmt in der Schule.

Jetzt Seitenwechsel. Zurück auf Los. Rote Wangen. Außer Atem. Einige schwitzten sogar. Alle wieder auf dem Spielfeld. Geteilte Freude. Noch mal von vorn.

Claudia war meistens allein gewesen. Freunde hatte sie nicht gehabt. Obwohl sie sich immer darum bemüht hatte. Ihre Zensuren waren gut. Das Zeugnis. In der ersten oder zweiten Klasse: Claudia fällt es schwer, ihre positiven Ansichten im Klassenkollektiv durchzusetzen. Im Klartext: Sie war nicht beliebt.

Manchmal kam sie verweint nach Hause. Dann hatten sie wieder irgendwas mit ihr angestellt. Einen Bleistift zerbrochen, in den Pullover Löcher gerissen, so groß, dass sie nicht zu stopfen waren, den Kugelschreiber geklaut, den, der in allen Farben schreiben konnte. Aber gewehrt hat sie sich nie.

Auch nicht an jenem Freitag, in der vorletzten Stunde. Keiner war mehr bei der Sache. Der Unterricht begann. Claudias Platz war leer. In der dritten Reihe. Weit weg vom Lehrertisch, weit weg von ihr. Irgendwann kam sie. Die Tür nur einen Spalt weit offen und Claudia huschte herein. Sie sah mitgenommen aus. Es musste etwas vorgefallen sein. Die Haare vorm verheulten Gesicht. Sie ignorierte die Blicke und schleppte sich an ihren Platz. Und dann war irgendwas. Sie selbst stand mit dem Rücken zur Klasse, schrieb etwas an die Tafel, als Claudia plötzlich aufschrie. Markerschütternd. Unglaublich laut. Sie drehte sich um. Claudias Tisch war verrückt. Ihr Biobuch lag auf dem Boden. Claudia stand auf. Lief nach vorn. Direkt auf sie zu. Sie hatte die Schultern hochgezogen, den Kopf geduckt. Sie wimmerte: Mama. Ihre ausgebreiteten Arme. Und sie? Was willst du von mir? Das waren ihre Worte. Ein Stoß. Von sich weg. Was wollte sie von ihr? Claudia fiel. Blieb liegen. Weinte immer noch. Wie sie da auf dem Boden lag. Sich krümmte. Im Gang, zwischen den Bänken und Stühlen. Mitten in der Klasse. Wie ihr Körper zuckte. Sie bekam kaum Luft. Verschluckte sich an ihren Tränen. Die Augen geschlossen, die Lippen aufeinandergepresst. Sie hörte nicht auf zu wimmern. Mama. Immer wieder: Mama. Ein kleines Kind. Claudia schrie nach ihr. Vor der ganzen Klasse. Natürlich war sie ihre Mutter. Aber zuallererst ihre Lehrerin. Sie lag nur da und konnte sich nicht beruhigen. Niemand ging zu ihr. Niemand tröstete sie. Auch sie nicht. Es ging nicht. Vor der ganzen Klasse. Nicht möglich. Sie waren in der Schule. Es war Unterricht. Sie war Frau Lohmark.

Ein Windstoß. Die wippenden Zweige. Die Beine fühlten sich taub an. Wieder Seitenwechsel. Einige hatten schon kurze Hosen an. Ihre nackten Kinderknie. Unversehrt. Die gewölbte Scheibe unter der Haut. Blanke Waden. Füße in Turnschuhen. Spuren im Sand. Angespannte Muskeln. Gestreckte Arme. Der Ball flog hoch, viel zu weit. Weit weg. Ein kurzer Sprint. Wieder im Spiel. Sie wurden nicht müde. Ein Ball, zu hart. Die Abgeworfene ging traurig vom Platz. Umarmte ein Mädchen hinter der Linie. Geteiltes Leid. Ihre Augen, die dem Ball folgten.

Von der Wallseite eine Menschengruppe, die über den Schulhof trottete. Gebückter Gang. In Zweierreihen. Ein kleiner Umzug in Richtung Hauptgebäude. Rentner auf dem Weg zu ihrem Kurs. Freitags begannen sie schon mittags.

Sie klatschte in die Hände.

»Sehr schön. Schluss für heute.«

Sie stützten sich auf ihren Knien ab. Rangen nach Luft. Nahmen noch einmal Aufstellung.

»Bis nächste Woche.« Bis irgendwann.

Wolfgang war nicht zu sehen. Wahrscheinlich war er im Stall der Jungvögel. Oder drüben bei der Brutmaschine. Die Sonne war hinter einer Wolke verschwunden. Auf der linken Seite die Gehege der Zuchttrios. Ein Hahn trat aus dem Verschlag, stakste über die Weide. Eine graubraune Henne hinter ihm her, in gebührendem Abstand. Beide gemächlich, ein wenig wacklig, als ob sie hochhackige Schuhe anhätten. Zwei laufende Lampenschirme. Sie streckten den Hals beim Schreiten leicht nach vorn und zurück, immer in Bewegung, das Gleichgewicht suchend. Wie eine Marionette. An unsichtbaren Fäden. Jede Regung des Körpers wurde mit diesem Hals vorweggenommen.

Zwei Wüstenvögel, die alles beäugten und gedankenlos in die Weite starrten. Steppentiere. Das passte. Das hier war ja nichts anderes als Steppe. Aus Afrika kamen nicht nur die Giraffe und der Strauß, sondern auch der Mensch. Aber diese Strauße waren hier geboren, ihre Heimat hatten sie nie gesehen. Sie war ja auch noch nie in Afrika gewesen.

In Demmin gab es neuerdings sogar eine Störzuchtanlage zur Kaviargewinnung. Direkt für den russischen Markt. Immerhin: Zwanzig Arbeitsplätze. Kleinvieh macht auch Mist. Und irgendwo in Brandenburg graste eine kleine Herde Wasserbüffel in sumpfigen Seeauen. Alles Gastarbeiter. Die Kartoffel war schließlich auch ein Import.

Selbst in kargen Gegenden konnten sich die Strauße ernähren. Das Klima bekam ihnen. Nur im Winter wurde es schwierig. Da war es zu kalt, um die Tiere im Freien zu halten. Und einsperren ließen sie sich nicht. Für ein, zwei Tage vielleicht. Aber nach drei Tagen waren sie drauf und dran, auszubrechen. Das hielten sie nicht aus. Es waren eben Laufvögel.

Die andere Henne knickte die Beine ein und hockte sich unter dem Bretterverschlag auf ihre Reptilienfüße. Auf der Brust liegend, fing sie an, sich im Sand zu baden. Sie wand den Hals auf dem Boden wie eine Schlange und scharrte mit den kurzen Flügeln die staubigen Körner zum Körper. Die anderen beiden wanderten jetzt am Zaun entlang, den Wolfgang an den Ecken abgefälscht hatte. Der Hahn kam näher. Er steckte den Kopf durch die Maschen. Sie waren groß genug, damit der kleine Schädel durchpasste. Alle Vögel suchten Schlupflöcher, um sich darin zu verstecken, und selbst niedere Tiere wussten Kraft und Ausmaß ihres Körpers richtig einzuschätzen. Aber nicht die Strauße. Mit aller Gewalt versuchten sie ihre Köpfe durch Drahtschlaufen und Holzspalte zu zwängen. Der Verkriechinstinkt. Man musste sich den Straußen immer mit Demut nähern. Die verknorpelten Zehen im braunen Schlamm. Die Schenkel mit langen, weißen Borsten besetzt, fette Poren, eine Gänsehaut. Der fusselige, weiße Unterrock unterm schwarzen, nachgiebigen Gefieder. Kurze, nutzlose Flügel. Seine Bewegungen, von einem Grasbüschel zum anderen, ruckartig und wendig, immer unentschieden, immer schwankend zwischen Neugier und Misstrauen. Seine behaarten Nasenlöcher. Der Flaum auf dem winzigen Kopf. Das Auge war wirklich schön. Zwei gekugelte Äpfel im kleinen Schädel. Groß, schwarz, glänzend. Die langen, dunklen Wimpern. Der Blick, aufmerksam und geistlos.

Irgendwo das Quietschen einer Schubkarre. Sofort zog der Strauß seinen Kopf zurück. Streckte den Hals. Die weißen Schwanzfedern gingen in Alarmstellung, das Drohkleid. So stürmte er davon, schaukelte dummscheu über die schlammige Weide.

Jetzt ein lautes Poltern aus dem Stall gegenüber. Das Tor öffnete sich, und eine Herde Jungvögel stürmte ins Freie, drängelnd, im Galopp, mit raumgreifenden Schritten. Pferdeschnell. Die Hälse wie Pendel. Ein Tier spreizte die Flügel, und alle anderen taten es ihm nach. Das ganze Rudel breitete die Flügel aus. In immer enger werdenden Kreisen liefen sie hin und her und schlugen mit den Stummelflügeln, als ob sie abheben wollten. Ein Pirouettentanz.

Lautes Gekrächze. Ein Schwarm Krähen, der plötzlich vom Himmel zu fallen schien. Ein Licht wie in einem Film, aufgeblendet, alles wie angestrahlt. Die Wolken, fest umrissen. Unerträglich, aber schön. Der Geruch von Erde. Die Strauße tanzten über die Weide. Inge Lohmark stand am Zaun und schaute.